「地方国立大学」の時代

2020年に何が起こるのか

木村 誠

教育ジャーナリスト

664

中公新書ラクレ

ります。

それは、不本意な人間関係、楽しくない人間関係、不幸な人間関係になんとかうまく対処しようという考え方です。

また、不本意でイヤな人間関係をみずから選ぶ人はいません。つまり、この手の本を手に取る人たちは、人間関係は与えられるもの、受け入れるしかないものと考えていることもわかります。


せっかく手に取ってもらったのに、いきなり冷水をぶっかけるようで恐縮ですが、もしもあなたが人間関係は与えられるもの、あるいは人から選ばれるものだと考えているとしたら、本書はおすすめできません。

また、あなたがイヤな人、めんどうな人、やっかいな人にうまく対処できるようになりたい、それによって人間関係をラクにしたい、と思っているのなら、やはり本書をすぐに棚に戻したほうがいいでしょう。最初に挙げたような題名の本のほうが、あなたには合っています。

はじめに

「人間関係」についての本を検索してみると、気づくことがあります。

「職場のやっかいな人への対処法」
「めんどうくさい人の扱い方」
「苦手な人とのうまいつき合い方」
「人間関係に疲れたら読む本」
「人間関係にうんざりしたら読む本」
「人間関係がラクになる本」

……などなどといったタイトル、キャッチフレーズの背後には、共通した考え方があ

はじめに

地方都市の消滅と大学のスモール化

今まで『危ない私立大学　残る私立大学』『就職力で見抜く！　沈む大学　伸びる大学』『大学大倒産時代』『大学大崩壊』（以上、朝日新書）など、大学の危機的状況を立て続けに書いてきたので、友人たちから次の本はどうするのだ、と話題にされる。「大学絶滅か、消滅かなあ」と要らぬ心配をする友人もいる。ただし今のところ大学数は横ばいのうえ、新設まで予定されているので、絶滅危惧種とまではなりそうもない。

では消滅はどうだろう。

その言葉で私が思い出したのは、『地方消滅』（中公新書）だ。同書は「2010年から40年までの30年間で『20～39歳の女性人口』が5割以下に減少する市区町村数」が全国の自治体の約5割に達すると予言し、世間を慌てさせた。出生数は激減し、地方から順に子どもがいなくなっていく。まさに地方消滅である。

地方が消滅に向かえば、地方大学も道連れとなる。それで大学が消滅すれば、地方都市はさらに衰退していくであろう。「地方大学消滅」というタイトルは、リアルに過ぎる。現実的には、一定規模の地方都市にある私立大学などが消滅候補になってくるだろう。

現状でも、競争至上の市場原理主義者らから「消滅してもやむなし」とされている定員割れの地方大学、特に中小の私立大学は少なくない。その多くは定員充足率（在学学生数÷収容定員数）の分母の定員数を減らすことで難を逃れようとしている。そうすれば、在学学生数が減っても、充足率の低下を防げるからだ。

しかし「定員を減らす」とは、大学の規模をどんどん小さくするということである。これを私は〝スモール化〟と呼んでいる。もちろんスモール化の果てに待っているのは、結局〝消滅〟である。

地方大学とは民主社会の〝支柱〟である

大学が消滅することで、地方に与える影響はあまりに大きい。

そもそも民主社会では、国家と個人・家庭の間で、いろいろな社会集団がさまざまな役割を果たしてこそ成立する。企業や地方自治体だけでなく、報道機関、労働組合、経済団体、市民運動、教会やお寺などの宗教集団などが多様な働きをしてこそ、民意が政治へ実質的に反映される。

なかでも高等教育機関、知性の府である大学の存在は大きい。

現在の日本では、個人や家庭は、企業などを除き地域の社会的集団との関係が希薄化し、帰属意識も弱まっている。私はそれが、現代の民主政治の危機をもたらしている原因の一つと考えている。

大量の情報が行きかうインターネットが存在感を増す社会で情報を意図的にコントロールできれば、国家や民族など、原初的な集団意識に働きかけやすくなる。ポピュリズム志向の政治が排外主義を助長しやすいのはそのためだ。

一方で日頃から、複数の社会集団に属していれば、いろいろな視点や意見に接する機会が生まれる。一つの会社に勤務していても、それと別に市民活動などへ参加していれば情報源が多くなり、複眼的な見方が育ちやすい。その点では、まさに多様な見方を学ぶ社会集団の存在意義は大きい。地方分権にしても、行政権限を地方自治体に移譲する狭い意味でなく、地方のさまざまな社会集団の知恵と力を最大限に活用することこそが分権の内実でなければならない。その意味で、地方大学の維持は、地方創生のためだけでなく、日本の民主主義の維持、もしくは再生の必要条件であり、その役割を存分に発揮させることがますます大切になると私は考えている。

２０１６年度に京都北部の成美大学が、実質的に福知山公立大学に転身した。これは地元から大学がなくなる影響を考え、地域住民や福知山市が「公立化してでも大学を残そう」としたためだ。同じく公立化した山口県の山陽小野田市立山口東京理科大学も同様である。

一方で国は、東京などへの「一極集中」を防止することが、「地方創生」の側面支援になると考え、東京都心の大学の定員抑制と入学定員厳格化を進めている。しかし、その効果については疑問である。

今や中年層となった団塊ジュニア世代だが、その多くがすでに首都圏に集中している。そして、小中学生となった彼らの子どももまた、首都圏に集中して住んでいる。首都圏には進学候補の大学や就職先も多く、彼らからすれば地方に脱出する動機がない。近年では、人気私大の入学定員厳格化を進めることで、地方受験生の流入を減らし、地方大学などの志願者を増やそうとしているが、首都圏に住む受験生が併願校として選ぶのは、結局、地元の首都圏にある中堅下位校となる。志願者が減り、このままでは消滅しそうな地方の中小私立大学にまで、目を向けてくれないだろう。

地方の子どもや若者の減少は現在進行中である。もともと数が少ない彼らが東京へ集中することを阻止しようとしても、それは時間稼ぎにもならない。とはいえ、地方の若者の減少を放置すれば、地方都市消滅がますます進行するのも間違いない。

では、本当に有効な対策とは何か？

それは地方の大学で、楽しく充実した学生生活が送れ、卒業すれば、そのまま地元で豊かな経済生活ができる就労の機会を提供する筋道を作ることだ。また、地元の若者だけでなく、都会のミドル世代がIターンし、リカレント（学び直し）で地方大学に通うルートを確立することも肝要だ。こうしたルートが確立されれば、地方の子育て世代も自然と増え、少子化対策にもなるであろう。そしてそれが結局、地域格差や教育格差の是正にもつながる。

ところが平成の30年間を振り返れば、地方活性化の主役であるはずの地方大学を、国はぞんざいにしてきたといわざるをえない。本書で詳しく記すが、大学に向けられた政策の数々を追うと、その先の地方創生など、いかに口先だけのことかよく分かるはずだ。

2020年、地方国立大学に何が起こるのか

以上を踏まえて本書の狙いとは何か。

まず第1章では、平成30年間で大学に起こった変化を追う。

昭和の共通一次試験時代には「国易私難」と言われる〝私大総難化〟が起きたが、平成のセンター試験時代では地方回帰の〝国公立大人気〟という傾向が生まれた。なお2020年からは思考力や表現力を見る記述式問題も含んだ新共通テストが実施され、英語の民間認定試験が導入されることなどから、さらなる激変が起こることが予想される。

しかし人気を回復したはずの国立大学も、足元では競争的資金に追いまくられ、むしろ苦闘する時代でもあったことは知っておきたい。大学にとっての平成とは何だったか、そしてどんな変化があったのか、あらためて振り返ってみたい。

第2章では国立大学をめぐる最新動向を探る。

地方には高知県や島根県、鳥取県のように、県内に私立大学がなく、国公立大学だけしかない県がある。そうした事情もあり、地方のほとんどでは、地域貢献のプラットフォームの一つとして、各地の国立大学への期待が大きくなっている。

ところが、その地方国立大学は、国からの財政の締め付けで追い詰められている。運営費

交付金の査定による再配分をはじめとして、世界で戦う「指定国立大学法人制度」の目的は各国立大学の外部資金の導入実績や優秀な外国人留学生の確保であり、地方創生の視点はない。世界に伍する研究力を、と国から尻を叩かれているが、再配分や競争的資金の導入など選別主義に基づく地方の実情を軽視した大学政策は、地方創生に逆行しかねない。

第3章では、旧帝国大学系7大学に次ぐ、地方有力国立大学の置かれた現状をデータから読み取り、さらに地方の大学の意欲的な取り組みを探る。

戦前にあった医学系を除く旧官立大学である一橋大学、東京工業大学、筑波大学（元東京教育大学）、広島大学と神戸大学などの現状に数値からアプローチし、なかでも新潟大学や千葉大学の教育研究への意欲的な取り組みに焦点を当てていく。近年、前向きなこれらの大学こそ、各地方でリーダーシップをとるべき存在だと私は考えている。

第4章では、地方有力国立大学の中でも、先進的な施策を行っている広島大学にフォーカスし、その動向を追う。

戦前の文理科大学と高等師範をルーツに築いた〝伝統〟もあって、広島大学は地域でのブランド力「トップ（中国四国地方で1位。日経BPコンサルティング調べ、17－18年度など）」である。2018年には、データ分析とシステム開発のスペシャリストを養成する情報科学部と、国際的課題に取り組むグローバル人材を養成する総合科学部国際共創学科を新設。また2014年には「スーパーグローバル大学創成支援（タイプA）」にも選ばれている。そのタイプAの課題である「世界の大学トップ100」に到達するために広島大学が行った各テーマの進捗率をチェックし、日本の地方の大学が本当に世界の大学となり、さらに地方の創生の支柱となるための道筋を探ってみたい。

最終章となる第5章では、今の高校生が本当に大学で学びたいことは何か、特に西日本の高校生にアンケートを行い、それに対して広島大学の各教員にアドバイスをしてもらい、可能性を探る。これは現代の大学進学希望の高校生が大学で何を学び、自分の夢を実現したいか、また大学側に十分に応えるだけの態勢や覚悟があるかどうか、ということを知る手立てでもある。高校生の社会的問題意識に具体的に応えようという姿勢が、その先の大学にあるのかどうか。それを知ることこそ、入学偏差値に頼らない大学選びの原点だと思う。

そしてこの本を通じて私が最も言いたいこと。それは、大学入試改革元年となる2020年、地方国立大学の「挑戦」と彼らによる日本の「地方復活」がいよいよ始まる、という希望である。

目次

図表作成／石玉サコ
図表作成・本文ＤＴＰ／市川真樹子

「地方国立大学」の時代

2020年に何が起こるのか

第1章
平成と大学
30年で何が変わったのか

減る18歳人口と頭打ちの大学進学率

平成後半には、大学関係者の間で大学志願者の激減ショック、つまり「2018年問題」が騒がれていた。

この根底には、1992年(平成4年)より、18歳人口が減り続けていたことがある。2017年頃までは、4年制大学への進学率の上昇で、総志願者数のダウンは緩やかであった。しかし2018年頃に、進学率もはっきりと横ばい期に入り、120万人を切る18歳人口の減少がいよいよ個々の大学の志願者ダウンに直結するはず、というわけである。

確かに、図表1と図表2を見ればお分かりのように、平成30年間の18歳人口は1992年を境に長期減少傾向に入っている。また一人の女性が生涯に産む子どもの数を示す「合計特殊出生率」は2・0以下が続いていることから、人口はこれからさらに減少していくことも明らかだ。

文部科学省などで利用する18歳人口予測は、18年前の出生数をベースにせず、中学卒業者数を基準にしている。18年前の出生数より、3年前の中学卒業者数のほうが、大学進学を考えるうえでは現実に近い数字になるということだろう。

●図表１　平成30年間での18歳人口の推移

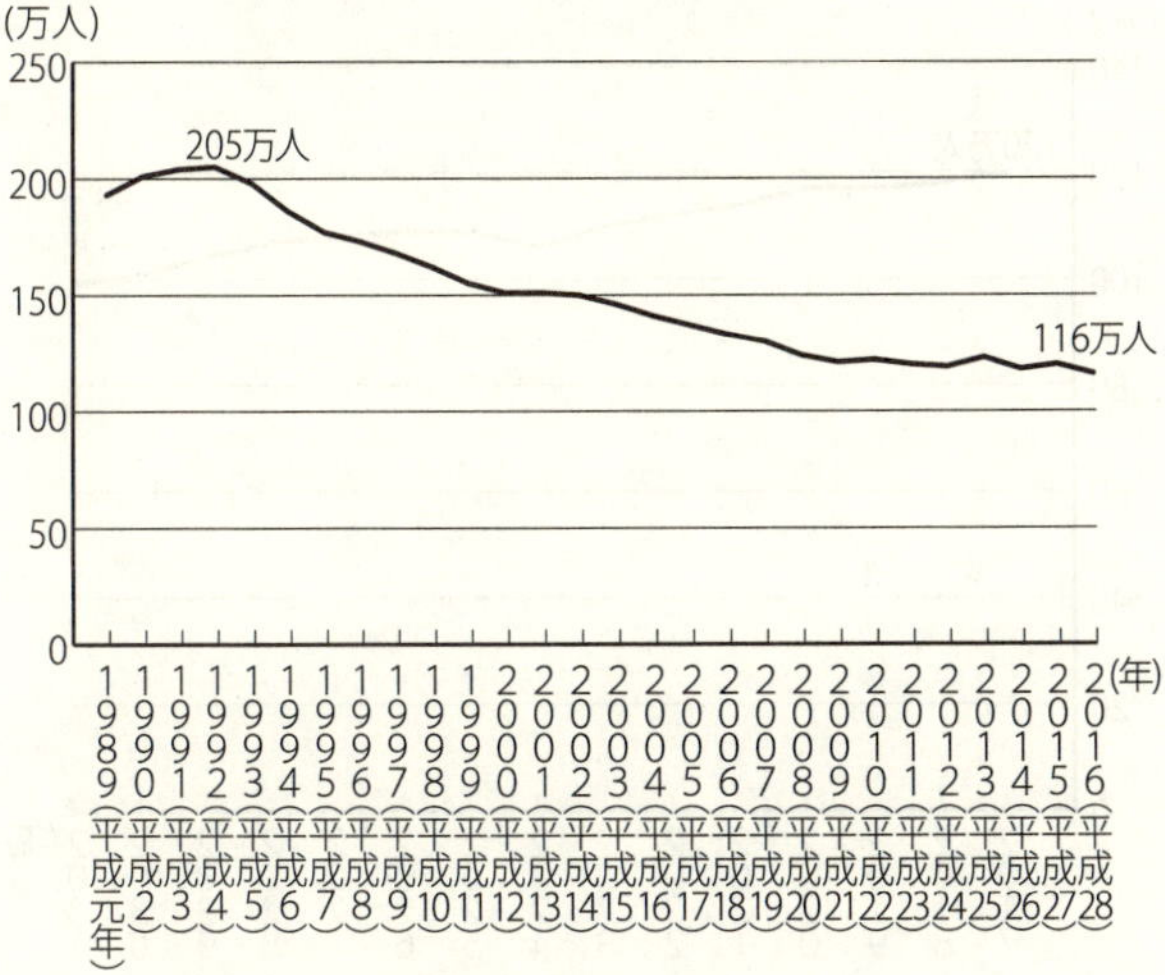

出典：文部科学省「学校基本調査」などより筆者作成

それを前提にあらためて確認すると、１９８９年（平成元年）の出生数は１２４万６８０２人。２０１７年（平成29年）は94万６０６０人だから、実に24％も減ったことになる。

なお２０２０年に18歳になる２００２年（平成13年）生まれは、１１５万３８５５人。一方、算定基準となる２０１７年度（平成29年）の中学卒業者は１１６万人弱だった。この数字が統計上の「２０２０年度の18歳人口予測」となるが、４年制大学進学率を55％と仮定すれば、63万８０００人ぐらいが２０２０年の大学志願者数だと考えられるだろう。２０１８年の大学

●図表２　18歳人口の推移予測

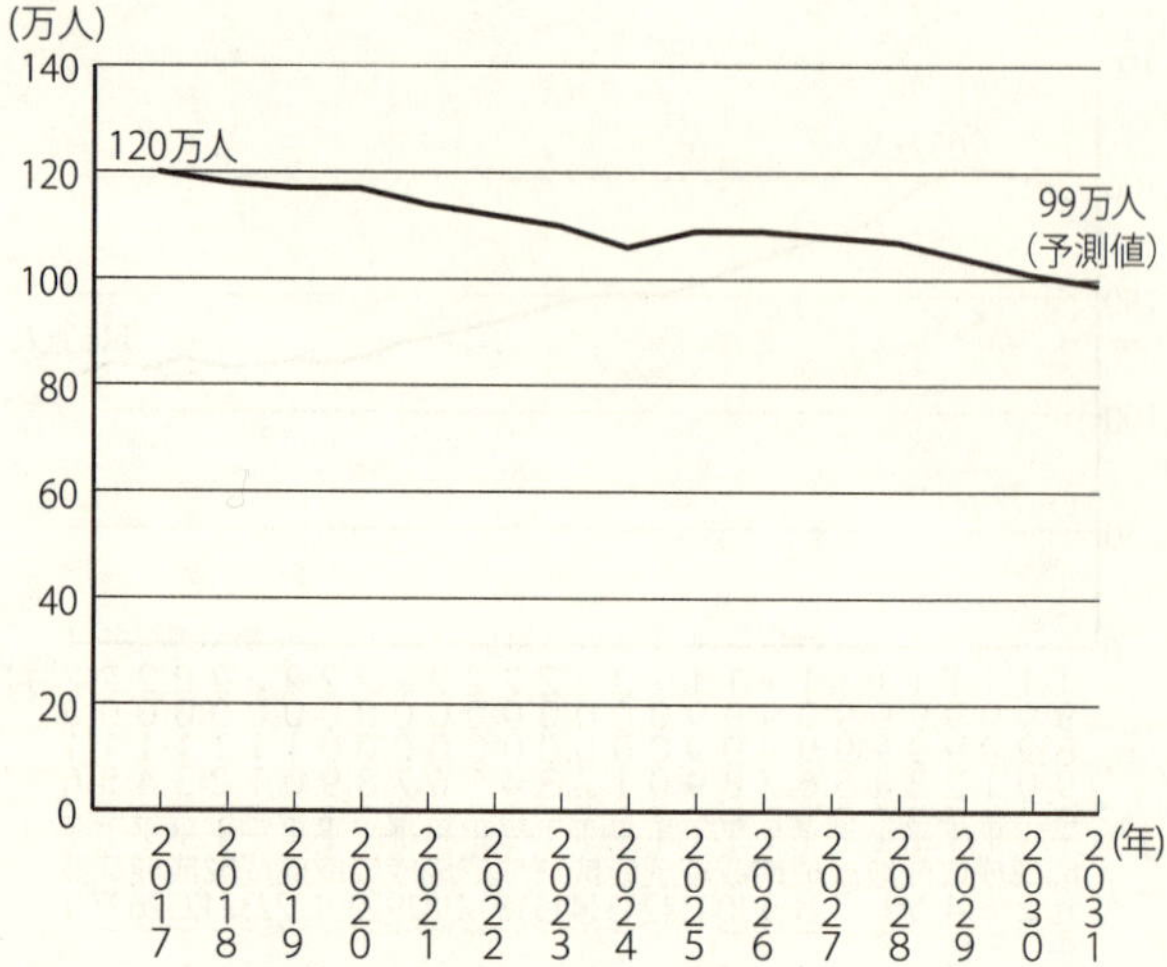

出典：国立社会保障・人口問題研究所「日本の将来推計人口」より筆者作成

入学者数はおおよそ63万人前後（ちなみに２０１７年は62万９７３３人）だったから、２０２０年は数字的には「全入状態（入学定員が志望者数を上回る状況）」に近い。

ともあれ、近年の出生率の低下が、18歳人口の母集団の縮小傾向を加速することは間違いない。しかし18歳人口がはっきりと減少し始める２０２０年以降を見れば、入学者数の母体が減少すると分かるのに、相変わらず大学数は増加している。

２０１８年時点では、大学業界が懸念した「２０１８年問題」の危機は表面化せず、無事に通過できたようだが、いずれにせよこの先、従来型の大学の多くがピンチに追い込まれる可能性は高い。

それでもなぜ大学は増え続けたのか

私立大学の約４割が入学定員割れになっている、という事実は、日本私学事業団の調査を通じて今や広く知られている。そして新自由主義者らを中心に、定員割れの大学は、淘汰されてもやむをえない、という主張も多く目にするようになった。

ただ、大学設立を認可した文部科学省からすれば、次々に大学が潰れるような事態が続いては困るし、在学生への責任もある。そこで大学が破綻しないよう、さまざまな救済スキームを考えてきた。

たとえば最近では、東京都心に多い人気私大の定員の抑制と入学定員の厳格化を進め、地方受験生の流入を抑え、地方の私大にとどめようとしている。

しかしそうした施策でいくらか緩和されたとしても、18歳人口減、大学進学率は横ばい傾向という厳しい状況で、大学にとって冬の時代が続くのは間違いない。

それにもかかわらず、文部科学省はこの30年間、大学の新設を次々と認可してきた。それはなぜか。

●図表3　戦後の大学数の推移

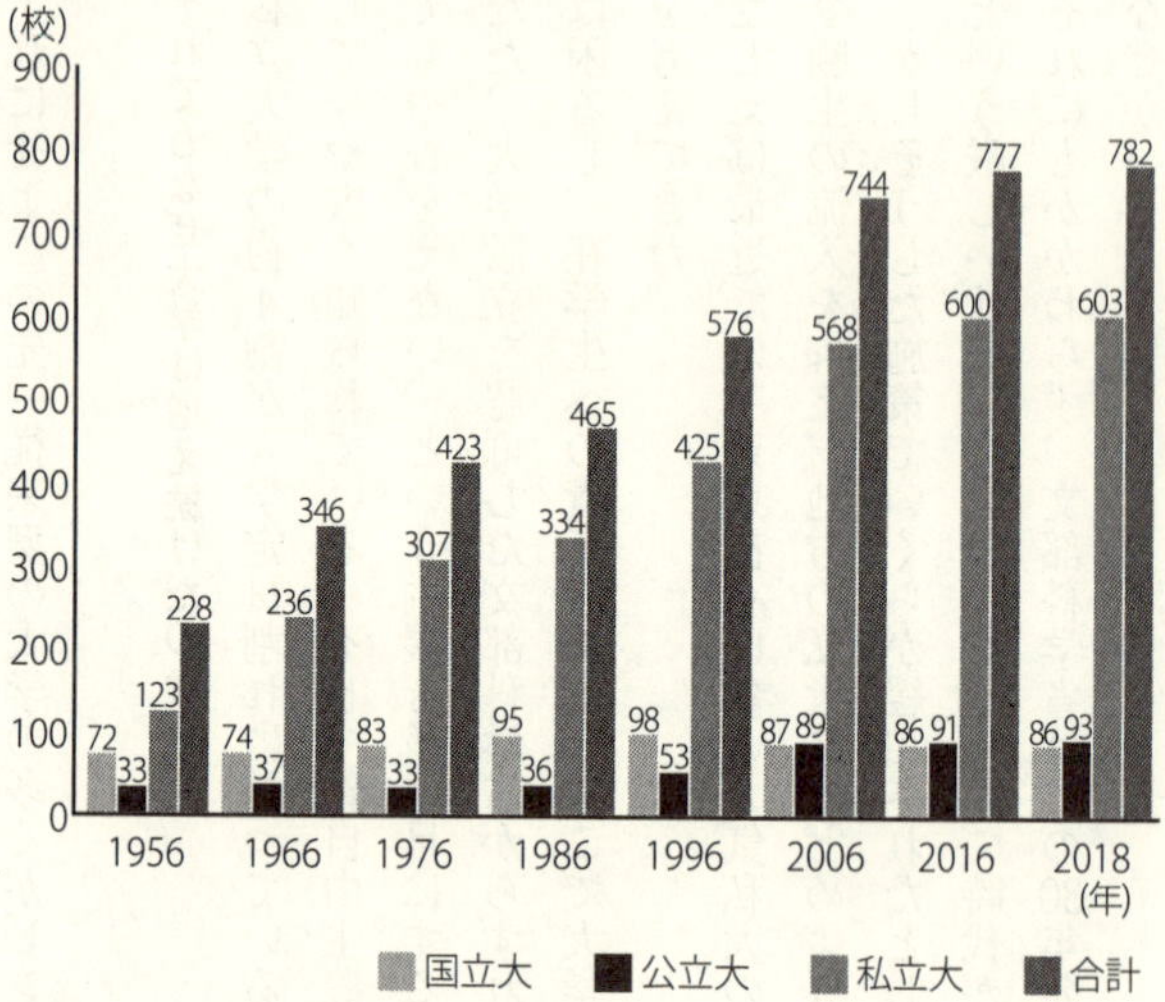

出典：文部科学省「文部科学統計要覧」より

図表3「戦後の大学数の推移」を見ると、平成末期になっても、まだ微増傾向が続いていることが分かる。一般企業なら、縮小することが確実なマーケット市場へ続々と進出することなど、まずありえないことだろう。

18歳人口がまだ増加か横ばいで、大学進学率も伸びていた平成初期なら、大学が増えても特におかしくはなかった。ところが、その急増期を過ぎても認可は続いた。

図表4を見れば分かるとおり、平成初期では特に公立大学の開学が目立つ。国立大学の数が微減傾向なの

に対し、その伸びは際だっている。公立大学の場合、地方自治体が設置者で、交付金も総務省の管轄となる。そのため文部科学省での設立認可はかなり甘めで、ある意味で他人事だったのでは、という見方もある。

ただ、長く続いた昭和の後期、地方活性化の担い手として地方の大学への期待が高まっていたことも確かだ。地方自治体が既存の学校法人と協力し、財政支援をする「公私協力方式」が、地方私立大学を中心に続出したのはそのためだ。

ただし、実際には地方受験生の地元私立大学志向は期待ほど高まらず、時を追うごとに志願者集めに苦労するケースが目立つようになる。平成に入った頃には、それまでのように地方自治体の要望に応じ、系列校として地方私立大学を新設する学校法人は少なくなった。

そこで生まれたのが、実質的に公設でありながら法的には民営（学校法人）という「公設民営方式」の私立大学だ。地方自治体から見れば、私学並みの学費を確保できて収入面でもプラスになる、という思惑があったのだろう。しかしこれが裏目に出た。地元進学校の受験生から敬遠されてしまったのである。

そもそも進学校ほど国公立大学の合格実績を重視する。一方で、公設民営方式の大学では、公設とはいっても私立大学のうえ、従来の公立大学よりも学費が高く伝統もない。結果として、思惑どおりに地元の受験生が集まらなかったのである。なかには推薦入学の枠を広げ、進学実績のあまりない高校の生徒をどんどん受け入れたところ、むしろ進学校の生徒から敬遠される、という悪循環に陥った大学もある。

こうした結果、地元での評判もだんだん落ち、志願者を減らす大学が増えていく。そして多くが定員割れに直面することになった、というのがここまでの大きな流れだ。

定員割れの大学が増える中、起死回生を狙った策が生まれた。それが「設置者変更」、つまり私大の公立化である。

近年だと、公設民営方式で設立された大学だけでなく、公私協力方式をとっていた大学、たとえば成美大学が福知山公立大学へ生まれ変わったようなケースもある。

平成に開学した大学の個性的な顔ぶれ

図表4から平成に開学した大学を見てみれば、まず全体としてはこの間、やはり公立大学の開学が多かったことがよく分かる。なお表中★の長岡造形大学、名桜大学、高知工科大学、千歳科学技術大学、静岡文化芸術大学、鳥取環境大学は先述した公設民営の私立大学で、後に公立化した大学である。

●図表４　平成30年間に開学した主な大学

設置年	学校種別	大学名称	本部所在地
1989年（平成元）	私立	北海道情報大学	北海道
	私立	多摩大学	東京都
1990年（平成２）	私立	筑波学院大学 ＊90年に開学したのは東京家政学院筑波短期大学国際教養科・情報処理科で大正より前身の学校あり。現校名は2005年より	茨城県
	私立	江戸川大学 ＊前身の学校あり	千葉県
	私立	帝京科学大学 ＊90年当時は西東京科学大学	東京都
	私立	吉備国際大学	岡山県
1991年（平成３）	私立	東北芸術工科大学	山形県
	私立	鈴鹿医療科学大学 ＊91年当時は鈴鹿医療科学技術大学	三重県
	私立	川崎医療福祉大学	岡山県
1992年（平成４）	公立	福井県立大学	福井県
1993年（平成５）	公立	青森公立大学	青森県
	公立	会津大学	福島県
	公立	岡山県立大学	岡山県
	公立	宮崎公立大学	宮崎県
1994年（平成６）	私立	新潟国際情報大学	新潟県
	私立	新潟経営大学	新潟県
	私立	長岡造形大学★	新潟県
	私立	鈴鹿大学 ＊94年当時は鈴鹿国際大学	三重県
	公立	広島市立大学	広島県
	私立	福山平成大学	広島県
	私立	名桜大学★	沖縄県
1995年（平成７）	私立	新潟工科大学	新潟県
	公立	茨城県立医療大学	茨城県
	私立	国際医療福祉大学	栃木県
	公立	長野県看護大学	長野県
	私立	倉敷芸術科学大学	岡山県
1996年（平成８）	私立	平成国際大学	埼玉県
1997年（平成９）	公立	宮城大学	宮城県
	私立	関西福祉大学	兵庫県
	私立	高知工科大学★	高知県
	公立	宮崎県立看護大学	宮崎県
1998年（平成10）	私立	千歳科学技術大学★	北海道

設置年	学校種別	大学名称	本部所在地
2003年（平成15）	私立	びわこ成蹊スポーツ大学	滋賀県
	私立	長浜バイオ大学	滋賀県
2004年（平成16）	公立	国際教養大学	秋田県
	私立	日本薬科大学	埼玉県
	私立	千葉科学大学	千葉県
	私立	静岡福祉大学	静岡県
	私立	藍野大学	大阪府
	公立	兵庫県立大学	兵庫県
	私立	沖縄キリスト教学院大学	沖縄県
2005年（平成17）	公立	山梨県立大学	山梨県
	私立	神戸ファッション造形大学	兵庫県
2006年（平成18）	私立	横浜薬科大学	神奈川県
	私立	関西看護医療大学	兵庫県
2007年（平成19）	私立	東京未来大学	東京都
	私立	四日市看護医療大学	三重県
	私立	森ノ宮医療大学	大阪府
2008年（平成20）	私立	東都医療大学	埼玉県
	私立	佐久大学	長野県
	私立	福岡女学院看護大学	福岡県
	私立	保健医療経営大学	福岡県
2009年（平成21）	公立	千葉県立保健医療大学	千葉県
	公立	新潟県立大学	新潟県
2010年（平成22）	私立	日本保健医療大学	埼玉県
2011年（平成23）	公立	福山市立大学	広島県
	私立	純真学園大学	福岡県
	私立	東京医療学院大学	東京都
2012年（平成24）	私立	日本ウェルネススポーツ大学	茨城県
2013年（平成25）	私立	札幌保健医療大学	北海道
2014年（平成26）	公立	敦賀市立看護大学	福井県
2015年（平成27）	私立	湘南医療大学	神奈川県
	私立	長野保健医療大学	長野県
2017年（平成29）	私立	北海道千歳リハビリテーション大学	北海道
	私立	岩手保健医療大学	岩手県
	私立	福井医療大学	福井県
	私立	一宮研伸大学	愛知県
	私立	福岡看護大学	福岡県

注：すでに廃学している大学もある
出典：各大学ホームページなどをもとに筆者作成

設置年	学校種別	大学名称	本部所在地
1998年（平成10）	公立	岩手県立大学	岩手県
	私立	愛知文教大学 ＊学校法人の沿革に1997年設置認可とあるが98年開学とは確認できず	愛知県
	私立	九州情報大学	福岡県
	公立	大分県立看護科学大学	大分県
1999年（平成11）	私立	九州看護福祉大学	熊本県
	公立	青森県立保健大学	青森県
	公立	秋田県立大学	秋田県
	私立	宇都宮共和大学 ＊99年当時は那須大学	栃木県
	私立	文星芸術大学	栃木県
	公立	埼玉県立大学	埼玉県
	私立	神戸山手大学	兵庫県
	私立	九州保健福祉大学	宮崎県
2000年（平成12）	公立	山形県立保健医療大学	山形県
	私立	静岡文化芸術大学★	静岡県
	公立	公立はこだて未来大学	北海道
	私立	東京福祉大学	群馬県
	公立	石川県立看護大学	石川県
	公立	岐阜県立看護大学	岐阜県
	私立	人間環境大学	愛知県
	私立	名古屋産業大学	愛知県
	私立	日本赤十字広島看護大学	広島県
	私立	長崎国際大学	長崎県
	私立	立命館アジア太平洋大学	大分県
2001年（平成13）	私立	ものつくり大学	埼玉県
	私立	東北公益文科大学	山形県
	私立	新潟医療福祉大学	新潟県
	私立	長岡大学	新潟県
	私立	大阪人間科学大学	大阪府
	私立	鳥取環境大学★	鳥取県
	公立	尾道市立大学 ＊01年当時は尾道大学	広島県
	私立	九州栄養福祉大学	福岡県
	私立	日本赤十字九州国際看護大学	福岡県
2002年（平成14）	私立	名古屋学芸大学	愛知県
	私立	福岡医療福祉大学	福岡県
2003年（平成15）	公立	神奈川県立保健福祉大学	神奈川県

国立大学が法人化した2004年には、秋田県に公立大学である国際教養大学が開学している。ここは、すべて授業が英語で行われ、全員が1年間海外留学必須というグローバル教育を行い、開設当時から話題を呼んだ。2019年現在でも、世界大学ランキング（THE）日本版で10位にランクイン。今や旧帝大系や早慶並みの高い評価になっている。

特に学生を自主的に勉強させる教育システムを評価する声が多い。24時間開館というコンビニ並みの大学図書館では、深夜でも勉強している学生の姿を見ることができる。授業では英語で意見交換をしなければならないため、予習も欠かせないのだろう。

同じ東北の福島県の公立会津大学も存在感を高めている。地元だけでなく広く受験生を集め、高校教師からの評価も高かった。2011年の東日本大震災を経て、学内に復興支援センターを設けるなど、専門である情報科学だけでなく、地域貢献などの面でも大いに注目される存在となっている。同様に岡山県立大学も、地域活性化のプロジェクト「COC＋」で代表大学になるなど、地元大学群のリーダーとして期待されている存在だ。

平成も後半に入ると、今度は医療系を中心にした新設が目立ってくる。超高齢化社会となり、医療のニーズがますます高まったという背景があるのだろう。たとえば2017年に開設された5大学はすべてが医療系私立大学だ。

医療福祉専門職の養成と地位向上を目指し、千葉県成田市に医学部新設の宿願を果たした栃木県の国際医療福祉大学も１９９５年開設で、平成生まれの大学である。２０１７年にスタートした新医学部入試では、学費を低く抑えたこともあって人気を集めた。また２０００年に開学した立命館アジア太平洋大学には海外留学生がとても多く、日本にいながら国際交流ができると評判だ。

このように、平成生まれの大学には個性派がとても多い。その半面、医療系は別にして、開設早々に定員割れした地方私立大学も少なくない。個性のない旧来型学部の新大学ほど厳しい時代にあると言えるだろう。

外国人や社会人などに門戸を開く大学

確かに18歳の大学志願者数の減少はこれから避けられない。ただし、そもそも18歳人口だけを、大学の入学者として仮定することにはやや疑問がある。それは近年、外国人や社会人の学生が大きく数を増やしているからだ。

もちろんこうした受け入れは、18歳人口減対策のためだけ、というわけではない。外国人留学生の増加はグローバル化に伴うトレンドだし、社会人学生の増加は、少子高齢化で中高年の能力再開発を狙うリカレント教育が、それぞれの大学において大きな役割になっているからでもある。

たとえば外国人学生の数は、1990年(平成2年)に学部2万3571人、大学院1万2306人だったが、2017年(平成29年)には、学部8万7198人、大学院4万8606人へと急増している。学部で3・7倍、大学院で3・9倍に増えたことになる。そのうち、外国人留学生は2万8560人から12万5834人に増加。こちらは実に4・4倍の増加である。

さらに2020年以降、文部科学省は、現在の8校から100校まで外国人の高度人材の受け入れを拡大する方針を定めた。その100校は地方国立大学が主体になるので、自然と地域活性化において外国人留学生が活躍する場面も増えていくだろう。

また近年、文部科学省は社会人学生の受け入れを大学側に促している。ここでいう社会人とは、経常な収入を得ている者およびその退職者、主婦や主夫を指す。平成の半ばには、この社会人学生が増えると期待されたが、実際には、学部の学士課程と大学院で明暗は分かれたようだ。

文部科学省の調査によると通信、通学を含めた学部(学士課程)への社会人入学者は、2

001年（平成13年）をピークに減っている。ピーク時の入学者は約1・8万人であったが2014年（平成26年）には約1万人と、45％も減少している。特に社会人の通学生が4分の1まで減っており、これは大学の2部（夜間課程）が縮小していることの相互作用だと思われる。

一方、大学院では増加傾向が続いている。平成元年である1989年、大学院社会人学生は約2000人、大学院入学者に占める割合は5・1％に過ぎなかった。しかし平成26年の2014年には約1・8万人となり、その割合も18・2％まで達した。特に通学生が約1・6万人と大きく増加している。

学部卒で就職し、ビジネスの現場で海外のエンジニアなどと接すると相手にドクター（博士）が多く、修士や博士の肩書が必要だと実感することが多い。それで結果として、東京都心にある同大学の博士課程に入学し直すことになる。

東京理科大学の博士課程について取材したとき、このような事例が多いと大学側が話していた。海外で活躍することを意図した、社会人学生の大学院進学のニーズは今後も高まるであろう。

なお今までは、社会人学生の場合、卒業した学部と同じ系統の大学院へと進むケースが少なくなかった。しかしこれからは、「工学部出身者だが、大学院ではビジネスの現場で使える外国語を学びたい」といったような、違う系統で専門知識を基礎から学びたい、という水平型のリカレント教育が増加すると思われる。

現状では、受講するための時間や費用が社会人の学び直しの障壁になっていた。そのため、これらの障壁が企業と大学との連携で克服されれば、地方の大学でもリカレント教育は急速に拡大する余地がある。この先、リカレント教育が広く拡充され、また外国人留学生が増加していけば、日本人18歳人口で大学の予想入学数を算定するのは、時代遅れのやり方になるだろう。

大学にとって平成とはどのような時代だったのか

終わったばかりの平成であるが、あらためてその30年を振り返ってみたい。

1960年代から1975年前後までの高度経済成長時代が終わったものの、平成になったばかりの頃は、まだ昭和末のバブル景気が続いていた。18歳人口も増え続けていたため、大学も増えていた。なお平成元年である1989年12月29日、年内最後の取引日「大納会」を迎えた東京証券取引所で、日経平均株価が史上最高値の3万8957円を記録している。

しかしバブルが崩壊した１９９３年以降、日本経済は長い停滞期にはいった。これが「失われた20年」である。

２００２年から６年続いたいざなみ景気もさほど回復の実感を伴うことなく、途中リーマンショックもあって、低迷が続いた。その間、18歳人口の伸びも止まり、少子高齢化が日本社会の将来を左右する大きなテーマであるという共通認識が定着していった一方で、経済成長の鈍化で税収も伸び悩み、財政赤字が拡大。行財政改革が声高に唱えられ始めた。

また資本の自由化が進み、外資が日本に進出すると同時に、日本企業の海外進出も顕著となり、産業の空洞化が懸念されるようになる。いわゆるグローバル化である。グローバル化は、地方経済の活力低下の要因の一つになった。

政府統計の問題があってはっきりしない点もあるが、２０１２年末から始まった経済政策アベノミクスも、結果として実質賃金の上昇をもたらさなかった。そのため所得や教育格差が表面化、この格差が徐々に大きな社会問題となっていく。

なおこうした格差は、２００１年から始まった小泉純一郎政権の進めた規制緩和がもたらした、という見方が一般的だ。特に非正規労働者を大量に出現させた労働規制の緩和が格差拡大の主因なのは事実だろう。２０１９年現在、約60万人いるとされる「中年ひきこもり」

も「就職超氷河期」の就職難とこの非正規労働者の大幅な増加が背景にある。平成30年間で、昭和の時代の総中流幻想は完全に打ち砕かれてしまった。

その一方で「所得格差とは結局、学歴がもたらす教育格差である」という認識も社会に広がった。「自分の子どもをいい大学に入れたい」という思いは親の世代でより強くなり、大学進学率は緩やかであるが、上昇を続けた。

こうした社会の動きを反映した大学政策の動向をまとめたのが、図表5である。

この表からは第一に、大学進学率の上昇でエリート養成の場が大衆化し、さらにユニバーサル（普遍的）な存在となった大学を、その役割や機能によって、あらためて分化させていこうとする動きが読み取れる。

大学も規制緩和で一般教育と専門教育の区分をなくし、学部の例示もなくした「大学設置基準の大綱化」が1991年に実施されたり、変わっていく社会のニーズに合わせるべく、学部新設が認可制から届出制に変わったりした。

グローバル化に対応した教養教育や国立大学のミッションの再定義も、すべては社会の要請に応え、大学を分化させようという方針と同じ文脈にある。

第二に、1998年の大学審議会答申にあるように、大学の「競争的環境」を構築しようとする意図もはっきり見られる。

規制緩和に伴い、大学のガバナンス（運用管理）も強化されることになった。そこで、公的評価制度や教育情報公開義務化が導入された。こうした施策の一環で、法人化を機に国立大学の学長権限を拡充。その先に、ガバナンス強化を狙ったのであろう。また、指定国立大学法人新設をはじめとする、国際最高水準の研究力確立を目指したさまざまなプロジェクトも、競争的環境の整備の一環と言えるであろう。

第三に、財政面の制約である。法人化以降の約10年間、国立大学の経営基盤を支えてきた国の運営費交付金が年１％ずつ減らされた。半面、平成の30年間で国立大学の学費もどんどん上がり、その上昇率は物価や初任給の上げ幅を大きく上回ることになった。私立大学も国からの私学助成金の伸びが頭打ちとなり、結果として学費を値上げしている。

つまり、大学生の出身世帯に経済的負担を転嫁したのである。それもあって大学生活にかかる費用は上昇し、アルバイトに追われる大学生が増加。奨学金返済が社会問題化するまでになったのは記憶に新しいところだ。

年	事　項	解　説
2011年（平成23）	大学の情報公表義務化	受験生の大学選びに欠かせない基本情報（定員や入学者、在学生数、教員数など）の明示が義務化された
2012年（平成24）	大学改革実行プラン	文部科学省が大学改革の基本構想を策定。現在の大学政策のベースとなる
2013年（平成25）	国立大学改革プラン	政府の「日本再興戦略」や教育再生実行会議の提言などを踏まえ、国立大学の自主的・自律的な改善・発展を促す仕組みの構築を文部科学省が策定
2014年（平成26）	国立大学のミッションの3分類	文部科学省が全国の国立大学と意見交換を行い、再ミッションの3つの枠組みとして、①世界最高水準の教育研究、②特定の分野で世界的な教育研究、③地域活性化の中核など、強み・特色のある分野での再ミッションを整理して公表
2015年（平成27）	国立大学運営費交付金に「3つの重点支援の枠組み」を創設	重点支援は上記のミッションに対応して、「重点支援の取り組み」として3区分に分け、運営費交付金の一部を再配分することになった。各国立大学の取り組みに対する査定という見方もある
2016年（平成28）	指定国立大学法人制度の導入	具体的には、「研究力」、「社会との連携」、「国際協働」の3つの領域において、すでに国内最高水準に位置している国立大学法人を選定する。研究成果を事業化する出資なども認められ、国立大学改革の推進役としても期待されている
2018年（平成30）	専門職大学誕生	2018年の秋に、申請9校に対し、当初1校のみを認可。後に2校追加（うち1校は短大）という異例の認可校数となった。企業実習や実務家教員など条件が厳しいという声も

出典：事項は文部科学省の各種公表データより。解説は筆者作成

●図表5　平成30年間における大学に関する主な政策

年	事項	解説
1991年（平成3）	大学設置基準の大綱化	従来の文・法・経済・理工などの学部の例示がなくなり、学部表示の多様化が進んだ。また一般教育科目、専門科目など授業科目の区分がなくなり、その後大学の教養課程が解体されていったと言われる
1998年（平成10）	大学審議会「21世紀の大学像と今後の改革方策について――競争的環境の中で個性が輝く大学」	国公私立を合わせて700大学にならんとする状況で、大学の機能や役割の分化は避けられないという認識のもと、大学の個性や多様化を強調した
2001年（平成13）	文部科学省「遠山プラン」	国立大学の再編統合化や法人化の構想など、現在の国立大学改革の動きの源流となるが、実現までには相当の時間を要した
2002年（平成14）	中教審「新しい時代における教養教育の在り方について」	グローバル化やITなど科学技術の進展を踏まえた答申。国際教養などのネーミングやリベラルアーツなどの用語が目立つようになった
2003年（平成15）	専門職大学院の誕生	法科大学院と教職大学院がその2大トレンド。法科大学院は法曹人材育成設計のミスで、最近は志望者減で廃学が続く。教職大学院も、当初のねらいから遠い実情と言われている
	認可制から届出制への移行	授与する学位の教育分野の大きな変更がなければ、学部の設置が認可でなく届出制となった。その結果、新学部が激増した
2004年（平成16）	高等教育機関は公認評価機関からの評価を義務化	大学など高等教育機関が激増し、その教育研究の質的評価を客観的に判断するシステムが必要になってきたことが背景にある
	国立大学の法人化	公務員削減など行政改革の影響で、国立大学を法人化する動きが実現。学長権限の強化や外部人材の登用などが進められている。運営費交付金の毎年1%削減もスタート。これは財務省の主導といわれる
2005年（平成17）	中教審「我が国の高等教育の将来像」	大学の7つの機能として①世界的な研究・教育の拠点、②高度な専門的職業人育成、③幅広い職業人の育成、④総合的教養教育、⑤芸術・体育など特定の専門的分野の教育研究、⑥地域の生涯学習機会の拠点、⑦社会貢献機能（地域貢献・産官学連携・国際交流）を明確化

入試制度改革による大学難易度の浮き沈み

次に入試制度の変遷を見ていきたい。戦後、大学入試のシステムは幾度か変わっている。

終戦直後、旧帝大系や官立大学、高等師範や医科大学が、そのほかの学部系と統合するなどし、日本各地に国立総合大学が誕生。私立でも総合大学が次々と誕生した。

なお終戦後しばらく、おおよそ旧帝大系からなる一期校と、地方国立大学からなる二期校とで入試が分かれていたが、一期校と二期校で関係が固定されていたわけではない。たとえば当初二期校で、2年後に一期校に移った広島大学のようなケースもある。

1960年代に入っても、短大を含めた大学進学率は20%台に過ぎなかった。そのため、各大学は高学力層を概ね想定し、各校がそれぞれ入試問題を作っていた。大学生という存在がまだエリートとされた時代と言える。

ところが1970年代、高度成長期を迎えて各家庭の経済力が上がると、短大などに進学する女子が増え、大学・短大進学率は急激に上昇。一方、大学側は他学部・他大学との類似を避けた入試問題を毎年作らねばならないことから、結果として難問や奇問が増え、高校学習からの逸脱を指摘する声が上がるようになった。またその採点に手間や時間がかかり、大学側の負担も大きくなった。

●図表６　近年の大学入試をめぐる主な動き

年	事　項	解　説
1979年（昭和54）	共通一次試験導入	国公立大が対象。５教科７科目
1987年（昭和62）	国立大学Ａ・Ｂ日程入試導入	国立大学複数受験機会の確保へ
1989年（平成元）	国立大学一部分離分割入試導入	Ｂ日程の大学で一部分離分割方式へ
1990年（平成２）	大学入試センター試験導入	大学が入試科目を選べ、私大もアラカルト方式で参加可能に
	慶大の総合政策・環境情報でAO入試を全国で初導入	AOはアドミッション・オフィスの略称。調査書や面接、論文などで、入学者を選抜する方式。その後、全国の多くの大学に普及
1997年（平成９）	国立大全面的に分離分割入試へ	全国立大学が分離分割方式に移行。公立大も参加
2004年（平成16）	国立大学のセンター試験の５教科導入へ足並みをそろえる	受験生の総合的な学力低下を懸念して、国立大学の大半が、５教科７科目の試験を課すことになった
2006年（平成18）	センター試験にリスニング導入	英語の４能力のうち「聞く」をまず測定するため
2020年（令和２）	大学入試新制度スタート	記述式問題や英語の外部民間試験導入がポイントと言われている

出典：文部科学省の公表データおよび『教育ルネサンス 大学の実力』（読売新聞教育取材班）より筆者作成

そこで1979年、全国立大学を対象に５教科のマークシート式を用いた「共通一次試験」が導入されることになる。これにより、その得点による「合否ライン」が生まれ、大学の序列化が促された。また国立大学の一期・二期制度も同時に消滅した。そして都市部を中心に大学進学率はさらに伸び、受験競争の過熱化が叫ばれるようになる。当時は大学に進学する前に、１年くらい浪人するのは当たり前。「人（1）並み（浪）」とも揶揄されていた。

一方、文系・理系ともに、多くの私大で入試科目が3教科に絞られるようになると、少ない科目を集中的に勉強した私大合格狙いの受験生に、5教科を勉強した国立大受験生が「私大入試では勝てない」という私大総難化の状況が生まれた。当時「国易私難」とも呼ばれたが、実際、国立大学に合格した受験生でも、私大には不合格という事例が続出することになる。

ところがこれは平成に入って様変わりする。その契機が1990年（平成2年）に行われた「大学入試センター試験」のスタートだ。この入試改革で、多くの私大もセンター試験を使えるようになり、入試形式が多様化することになっていく。

さらに少子化で子どもの数が減り、核家族が一般的となったことで、受験生本人や保護者の地元志向が強まり、大都市志向も弱まっていった。また低成長時代に入り、学費の安い国公立への進学に注目が集まるようになった。国立大学の入試方式が分離分割方式になり、同じ国立大学学部を複数回受験できるようになったことも、国立大志向に拍車をかけた。

なお私は、この頃から地方進学校の進路指導が「地元国公立大学重視」に変わったこともかなり影響したと考えている。私立大学の広報担当者から聞いた話だが、昭和から平成初めまでは、地方高校の進路指導室の書棚の真ん中に、早慶を中心とした有名私大の赤本が置いてあったものだが、それらは今や片隅に追いやられ、代わりに国立大学などの赤本が〝ドン〟と鎮座しているという。背景として各自治体の教育委員会、保護者、中学関係者が各高校の地元国公立大学合格者数を重視するようになった、という事情もあるのだろう。

私大入学定員厳格化は結局何を招いたか

平成最後に行われた２０１９年度入試を振り返ってみると、首都圏私大入試の難化が話題を集めた。これは文部科学省が２０１８年に続き、若者が東京へ一極集中するのを防ぐべく、東京23区の私大の定員抑制を打ち出し、さらに全国の大学を対象に入学定員厳格化を求めた結果である。

では各大学の入試状況は具体的にどうなったか。

２０１９年度を見てみれば、首都圏に位置する早慶上理（上智・東京理科）、ＭＡＲＣＨ（明治・青山・立教・中央・法政）といった上位人気私大の多くが合格者数を絞り、すでに難化傾向にあった２０１８年度より、さらに難しくなったとされる。

一方、そこからあぶれた受験生は、同じく首都圏に位置する人気私大である成成明国武

（成城・成蹊・明治学院・国学院・武蔵）、日東駒専（日本・東洋・駒沢・専修）などに流れ込んだ。不祥事が続いていた日本大学などを除き、これらの大学の多くで受験者が増加、合格者は減少、という状況となっている。

つまり人気私大の多くが狭き門になったことで、実質競争率が上がり、入学難易度アップに結びついたわけだ。ただし、実際には併願率が高まると入学率が低くなるため、合格者を後から増やしたりする大学もあるなど、その傾向を分析するのはなかなか難しくもあるが。ともあれ、こうした混乱した状況下で、今までなら模試の判定で合格圏内にいたような生徒が想定外の不合格となり、高校の進路指導の先生が慌てる、といった事態も多く見られたようだ。

また入試の傾向として、合格を確実にするべく、指定校推薦（大学が一定の高校を指定し、条件に合った生徒の入学を決める推薦制度）に応募する生徒が増えている、という情報もある。指定校推薦の対象は少人数だし、比較的、求められる成績水準が厳しい。その代わり、要件を満たしたうえで応募すれば、ほぼ合格するのがその特徴である。

これまで指定校推薦に応募する受験生というのは、一発勝負の試験が苦手な、しかし普段の成績がよい女子生徒などが多いという印象が強かった。しかし２０１８年くらいからは男女問わず応募者が増え、今まで志願者がほとんどいなかったような大学でも、校内枠の埋まる高校が目立ってきたようだ。

指定校推薦で受かった生徒は、そのほとんどが合格した大学へ入学する。そのため指定校推薦の人気が高まり、入学者が増えると、大学側は入学定員厳格化のために一般入試の合格者を削り、より定員を絞り込まざるをえなくなる。

定員抑制と入学定員厳格化が文部科学省の思惑どおりに、大都市の大学の志望者を減らし、地方の高校生が地元に留まる結果に至ったかどうかは検証が必要だろう。

2020年大学入試改革でどう変わるのか

平成の30年で大学進学率は大きく上昇し、今や高校卒業生の55％が4年制大学に進学するようになった。ただし、ここまで大学生が増えれば、その学力の平均レベルが下がるのは残念だが、当然でもある。

学生の学力向上を図る教育再生実行会議において、すでに1990年代から、「大学生の学力低下対策」がその課題となっていた。

とはいっても、事実上「大学全入」となった状況下で、高校だけの学習改革だけ行っていても、十分な成果は得られそうにない。そこで、高校生本人のみならず、高校側が本腰を入れざるをえないような大学入試を設け、それを梃子《てこ》に改革しよう、という動きが生まれた。具体的には2020年からの大学入試で、高校の学習指導要領の改訂を反映し、高校や進学志望者の学習への動機付けを促進しようというのである。

文部科学省の高大接続改革答申によると、学力を支える要素とは、①知識・技能、②思考力・判断力・表現力、③主体性の3つとされ、これらを持って多様な人々と協働し、学ぶ態度を育成することが求められている。この3要素を高めるために、高校と大学、大学入試を総合的に改革しなくてはならない。その流れを追ったのが、図表7「2020年大学入試改革をめぐる主な動き」だ。

教育再生会議は高校生の学力について、当初、授業の理解度を見る基礎レベルと、応用度の高い発展レベルに分けて試験を数回実施し、それらの達成度を判定して、大学入試の成績とする、といった構想を持っていたようだ。

その背景には、現行のセンター試験を受験生の多くが受けるようになり、今や55万人が受験する超マンモス試験となったことで、同時に試験としての意味合いや役割が限界に達しつつある、という認識があったとされる。

●図表７　2020年大学入試改革をめぐる主な動き

年	月	概　要
2013年	10月	現行の「大学センター試験」に代わる新テストを導入し、年複数回実施する構想を教育再生実行会議が提言
2014年	12月	仮称「大学入学希望者学力評価テスト」の新設と、現行のセンター試験の廃止を中央教育審議会が答申
2016年	３月	2020年度の新テスト導入を含んだ最終報告書を、文部科学省有識者会議が公表
2017年		実施方針の策定・公表
2018年		プレテスト（２回目）を実施
2019年	３月まで	プレテスト（２回目）の結果公表。 共通テストの要綱を各大学が発表
	４月以降	文部科学省が共通テストの概要を発表。 大学入試センターが共通テストの狙いと実施方針を発表
	11月以降	英語の試験に関する共通 ID の申し込みと発行開始
2020年	４～12月	民間の認定英語検定・資格試験の受験期間
2021年	１月	第１回共通テスト実施
	２月中旬	大学入試センターからテストの成績を大学に提供。 各大学の個別試験など実施
以下は2019年の新中１生が大学入試を受ける際に関係する動き		
2022年	４月	高校で新学習指導要領による授業開始
2023年	４月以降	新学習指導要領に対応した共通テストの概要を公表
2025年	１月	新学習指導要領に対応した入試実施。 英語は共通テストと民間テストの併用を終了する予定

出典：文部科学省の公表データより筆者作成

その後、中央教育審議会での議論を経て、発展レベルの考え方が、２０２０年から行われる新しい大学入学共通テストへとつながっている。新しいテストでは、センター試験で用いられた全面的な択一式マークシート方式から離れ、思考力や表現力を見る記述式など多様な設問方式が少なからず用いられる予定だ。

進む民間への外注化がもたらすもの

具体的な試験内容としては、設問方式の変化に加え、民間の認定試験の採用も注目されている。特に英語認定試験の採用は、国立大学の間でも評価が分かれており、受け入れを表明した国立大学協会の方針を批判する声も強い。

私見としても、文部科学省主導の認定試験の導入は性急の感があり、受験生や高校だけでなく、入試を実施する大学側も混乱している印象を受ける。時間やコストの関係から、英語の「聞く」「読む」「話す」「書く」という4技能の検定に個々の大学が対応できるはずもないのを前提に、大学入試の効率的民営化を進める狙いが裏にあると私は感じている。

確かにグローバル化が急速に進展する中、英語によるコミュニケーション能力の向上が課題になっているのは事実だ。現行の高等学校学習指導要領でも、英語の4技能をバランスよく育成することが重要視されているが、実際の高校教育の現場ではさほど進展していない。それもあって、次期学習指導要領では、こうした4技能を総合的に扱う科目や、英語による発信能力が高まるような科目設定などの取り組みが求められている。また、そうした事態を受けて、大学入試でも、民間事業者などにより広く実施され、一定の評価が定着している資格・検定試験を共通テストとして活用し、英語4技能評価を推進することにした。

これが早くも2020年の春にスタートする。さらに2019年現在、2024年から共通テストの英語を廃止し、民間試験のみで判定するという思い切った改革までプランに含まれているのだから、仰天だ。

大学入試センターは2018年3月、大学入学共通テストとして利用可能な英語の民間試験として、図表8のとおり「ケンブリッジ英語検定」「TOEFL iBT」「TOEIC（L&R）（S&W）」「GTEC」「TEAP」「TEAP CBT」「英検」「IELTS」を認定した（編集部注：うち「TOEIC」は19年7月、大学入学共通テストへの参加を取り下げている）。

今まで英語の中高生向け民間検定といえば「英検」が通り相場だった。英検は中高生だけでも260万人（2016年）が受けるというマンモス検定だ。2019年現在、全国23

●図表8　大学入学共通テストの対象として認定された英語の民間試験

試験名		検定料	実施地区（2020年度）	年間試験回数
ケンブリッジ英語検定		9,720〜25,380円	10地区	2〜4回
TOEFL iBT		235ドル	10地区	28回
TOEIC	L&R（聞く＆読む）	5,725円	全都道府県	8回
	S&W（話す＆書く）	10,260円	10地区	18回
GTEC		6,700円、9,720円	約700か所	2〜4回
TEAP		15,000円	約90か所	3回
TEAP CBT		15,000円	6地区	3回
英検（新型）		5,800〜16,500円	約400か所	2〜9回
IELTS		25,380円	10か9地区＊	22か24回＊

＊：実施団体により異なる
注：実施地区などについては、2018年5月の文部科学省のまとめを参考にしたが変動する可能性がある。また表中の「TOEIC」は19年7月、大学入学共通テストへの参加を見合わせることを発表している
出典：大学入試センター公表資料および各実施団体ホームページより筆者作成

0都市で約400の本会場のほか、学校単位などの準会場が約1万7000も設けられるとされる。

しかしこれまでの英検は、2級以上になると一次試験と二次試験があり、それが別日程で実施されていた。認定試験の採否ではネックとなり、一度は認定されなかった。そこで従来の受検方式に加え、大学入試を前提にした新型を準備。その2つを英検として併存させることになった。

なお、民間教育機関への外注

は英語だけの話ではない。今や、大学入試の試験問題そのものに関しても外注制作の動きが出てくると見られる。

現在、大学入試に関する問題が次々と露見し、毎日のようにテレビを騒がせている。特に医学部のさまざまな不正入試、入学定員厳格化と定員抑制方針による私大の追加合格多発が招く混乱などは、社会面でたびたびニュースとなっている。さらに入試問題の採点ミスもよく報道されている。そのため文部科学省も、入試問題の正解の公表を大学側へ促している。

東京大学は2019年に実施した入試から、科目や設問ごとに出題意図を明示。漢字の書き取りや択一式客観問題など、解答が一つしかない場合は、その正解も公表することにした。2019年度の入試から解答例の公表に踏み切った広島大学も、実はその前年から受験生へのアドバイスやセンスのある解答をホームページで紹介する試みを始めている。

今まで予備校などが正解例を示していたが、あくまで外部による判定資料であった。それを当事者の大学が正式に公表するようになったのである。

そう聞けば、公表して当然のようにも思われるが、これは大学教員にとって非常に負担が大きいことでもある。

国立大学など入試回数が少ない場合はまだいいが、私立大学の「複線方式」のようにいくつも入試のルートを設け、何度も試験を実施する場合、択一などの客観的な問題の正答に加えて、記述・論述の問題の解答例を数例明示することになれば、相当の作業である。まして、各問題の出題意図まで公表ということになれば、その手間や負担は想像を絶する。

そういった事情もあり、私大を中心に、さらに入試問題作成の外注化が進みそうだが、本来、入試というものには高度の秘密性が伴うわけで、外注化にはより注視が必要だろう。

なお2019年春、政府は国民すべてにＡＩ（人工知能。数理・データサイエンスを含む）の基礎知識とスキルを身につけさせようという「ＡＩ戦略」を発表した。まず、すべての大学生と高専生に初級レベルのＡＩ教育を実施、さらにＡＩと専門分野のダブルメジャーを促すと提言した。

しかしこれらも当然ながら、すべての大学が自前で実施できるとは思えない。結果として、他大学や民間教育機関との連携が進むことは今後避けられないはずだ。

eポートフォリオが大学入試を変える

55万人にもなる大学受験生。彼らの思考力・判断力・表現力を、試験で判定するのは大変である。まして学力を支える要素とされる「主体性を持って多様な人々と協働して学ぶ態度」を短期間に測定することなど、どこまでできるだろうか。

早稲田大学では、2021年度から全学共通の「Web出願」において、受験生本人が経験した自己の「主体性」「多様性」「協働性」に関する経験を記入させることとした。なお学内複数併願でも記入は1回でよく、それ自体は点数化せず合否判定にも利用しない、ということであった。

しかし早稲田大学の政経学部などは、入学後の学習意欲が高い傾向の見られるAO入試や付属校入試、推薦入学などの比率を高める方向を模索しているし、他学部でも同様な動きが見られる。これらの入試では、主体性を伴う活動記録が合否判定の判断材料になる可能性は大いにあるし、もちろん面接での質疑の材料としては最適だろう。

ほかにも普段の高校生活における学習情報や部活動・海外活動の記録をデジタル化した「eポートフォリオ」を入試の判断資料として活用しようとする動きが加速している。現在、生徒がそれらの情報を自分で入力して記録するeポートフォリオだが、AIの進展でさらに使い勝手がよくなると見込まれている。すでに大学教育の場で活用するケースも増えている。入試での活用を前提に、研究が続けられていたeポートフォリオの一つ、「JEP(JAPAN e-Portfolio)」も先日完成した。リーダー役を担う関西学院大学をはじめとして、群馬大学、大阪教育大学、同志社大学などの11大学が入試で利用することを2018年9月の時点ですでに公言している。特に、文部科学省が進めようとしている調査書の電子化にJEPなどが活用されるようになれば、大学への提出資料としてeポートフォリオは急速に普及するであろう。

現在、国公私を問わず、インターネットを用いた出願が広がっている。インターネットだけに、eポートフォリオとは当然ながら相性がよく、これが入試に取り入れられれば、文部科学省が志向する総合的・多面的入試の展開にとって効用が大きいうえ、入試に伴う業務の簡易化という効果も見込まれるだろう。

こうして整理すると、2020年入試改革は、大学のあり方そのものにおいて、さまざまな意味でターニングポイントとなっていることが分かる。これまでに繰り返された入試改革に伴って起こった変化以上に、今回の改革を経て、大学地図がさらに変わることは間違いなさそうだ。

第2章

国立大学の今

現場で何が起きているのか

なぜ国立大学協会は激怒したのか

第2章では平成の30年を経て令和へと移った今、現在進行形として国立大学周辺で起きている変化について整理していきたい。その変化を知ることで、続く第3章以降で記す、各地方国立大学の具体的な取り組みと挑戦の意味がより深く理解できるはずだ。

2019年1月23日、国立大学協会（国大協）の山極壽一会長（当時）は声明を出した。ポイントは次のとおりだ。

運営費交付金について、前年度同額の機能強化経費における再配分300億円に加えて、新たに基幹経費のうち700億円が評価対象経費とされ、毎年度、共通の指標による評価に基づき傾斜配分されることになり、2020年度以降も順次これを拡大する方向が示唆されています。

国立大学が多大の税金によって支えられており、厳格な評価とそれに基づく資源配分が重要であることは十分認識していますが、このような第3期中期目標期間の途中における大幅な配分方法の見直しや、評価基準及び評価手法が不明なままに評価対象経費を過度に大きくすることは、国立大学法人の財政基盤を不安定にするものであり、極めて残念です。
２０２０年度以降の評価及び予算への反映等については、国立大学協会と十分に協議して見直しを行うとともに、第４期中期目標期間（２０２２年度以降）に向けては、国立大学協会における今後の検討を踏まえ、国立大学法人制度の本旨に則った６年間の中期目標期間を基本とする評価と資源配分の安定的な仕組みが確立されることを強く要望します。

前半では国立大学法人運営費交付金が前年と同額（１兆９７１億円）が確保されたことに一定の感謝をしつつ、後半は一転、抗議の色彩を強めていることが分かる。

細かく説明すれば、これは２０１９年度の「政府原案及び税制改正大綱」の閣議決定に対して出された声明である。特に文部科学省が管轄する「運営費交付金」などの関係予算についての強い反対意見の表明でもあった。

運営費交付金は、国立大学法人の経営基盤費用に当たるものである。その一部（今までの傾斜配分の３００億円にプラスして新規で７００億円で、合計１０００億円）を国が評価し、傾斜配分（再配分）することを２０１８年末、国が閣議決定したのだ。

なお、第１章でも記したが、２００４年の国立大学法人化以降、運営費交付金は毎年１％

減額されてきた。その枠が広がり、2019年現在で、15年間の減少額は10%弱である。そこにきて2018年秋、財務省が、「国立大学への財政支援は先進国でトップクラスなのに成果が十分でない。これは運営費交付金の配分方法に問題があるためだ」と発表。そこで被引用論文数など教育・研究の成果を測る新たな指標を設け、「運営費交付金総額の10%は、その評価に基づいて配分すべき」とした。それが実際に閣議決定されたのである。なお、この10%という割合は、以後さらに増える可能性が高いといわれている。

ただし、国大協が激怒した理由は、それだけではない。財務省の運営費交付金再配分策に、次のような疑念があるためだと考えられる。

①短期的な評価によって不安定な財源措置が拡大するのではないか
②新たな評価手法の開発に必要な、学問分野の特性に対する配慮などについて十分な検討・準備がなされているのかどうか
③財務省が示した国際比較の根拠とは何なのか
④国立大学の経営基盤を不安定にし、財政基盤の弱い大学の存在自体を危うくしかねないのではないか

本来、国立大学運営費交付金とは大学運営の基盤的資金として教員数・学生数などに応じて配分するべきものである。その大原則から言えば、特に④が問題だと私は考えている。地方都市消滅の可能性が高まり、地方の国立大学の存在意義が再認識されるべきときに、財務省の提唱する評価になじまない大学の財政基盤を削ることが、果たして地方創生の理念にかなうものなのか、疑問が生まれるのは当然だろう。

またこういった現場と国のすれ違いが、特に平成後半から現在までの国立大学をめぐる変化の「核心」でもある。

以下、私が考えた近年の国立大学を取り巻く問題を順に整理していきたい。

問題１：再ミッションの達成度をどう測るか

近年の変化として最も目立つ動きの一つが「国立大学再ミッション」だ。

２０１６年より、文部科学省は全国に86ある国立大学各校にミッション（使命）の再定義を求め、特色ある大学づくりを促している。

なお、再ミッションには次の３つの枠組みがあり、そこから各国立大学が自主選択することなる。

A 世界最高水準の教育研究の重点支援を行う大学――国際的スタンダードの下、全学的に世界最高水準の教育研究を目指す大学

B 特定分野の重点支援を行う大学――特定の分野で世界ないし全国的な教育研究を目指す大学

C 地域活性化・特定分野の重点支援を行う大学――地域活性化の中核となりつつ、特定の分野で世界ないし全国的な教育研究を目指す大学

各国立大学がこれらの再ミッションから合致するものを選び、そこでの取り組みを経て、きちんとその機能を強化したか、文部科学省が査定する。そして2016年〜2018年の3年間を査定した結果が、図表9「運営費交付金の傾斜配分結果」である。

この表と照らし合わせると、A「世界最高水準の教育研究」の大学群が重点支援③、B「特定の分野で世界的な教育研究」の大学群が重点支援②、C「地域活性化の中核」の大学群が、国立大学全体の65%を占める重点支援①である。与えられたミッションに応えられた

大学にはプラス、達成度が今一つの大学にはマイナスの評価をし、それで再配分をすることになる。

3年間とも評価率100％以上を達成した国立大学は、たとえば重点支援①の地域活性型では、帯広畜産大学、弘前大学、浜松医科大学、名古屋工業大学、三重大学、京都工芸繊維大学、高知大学、熊本大学、大分大学、宮崎大学である。

3年間連続での高評価率獲得は、大学側からすれば、一時は安堵できるのかもしれない。しかし、そこからいつ転落するかは分からないわけで、結果としてプレッシャーに晒され続けるのは間違いない。

一方、地方の教育系単科大学にとって、この制度はとても厳しい。

実際、宮城教育大学、上越教育大学、愛知教育大学、京都教育大学、鳴門教育大学、福岡教育大学などは3年連続で100％に未達で、傾斜配分により配分額が削られている。

ベビーブームが過ぎ、小学校学童数の減少が見込まれた1987年、国立大学の教員養成系教育学部はいわゆる新課程「ゼロ免課程」を設けた。この新課程は、それまで教員養成学部の卒業要件とされた教育職員免許状取得を「任意」としたものである。

ゼロ免課程の採用により、教員養成系教育学部は教員希望者でない者も受け入れ、情報系

	大学名	2016年度	2017年度	2018年度
重点支援①	鳴門教育大学	86.2	92.4	98.7
	香川大学	97.0	98.8	98.4
	愛媛大学	97.0	109.6	112.2
	高知大学	107.8	102.7	100.8
	福岡教育大学	97.0	92.4	91.8
	佐賀大学	97.0	95.9	91.7
	長崎大学	97.0	102.7	99.9
	熊本大学	107.8	102.7	112.2
	大分大学	107.8	102.7	102.0
	宮崎大学	107.8	102.7	105.2
	鹿児島大学	86.2	99.4	95.2
	琉球大学	97.0	102.7	107.7
重点支援②	筑波技術大学	82.3	101.4	106.6
	東京医科歯科大学	102.9	110.0	104.9
	東京外国語大学	92.6	102.4	96.8
	東京学芸大学	102.9	93.1	95.0
	東京藝術大学	113.2	101.7	110.0
	東京海洋大学	102.9	95.4	85.8
	お茶の水女子大学	92.6	99.0	90.8
	電気通信大学	102.9	96.1	108.8
	奈良女子大学	92.6	81.3	98.9
	九州工業大学	92.6	96.5	104.2
	鹿屋体育大学	92.6	78.3	100.0
	政策研究大学院大学	102.9	94.3	77.5
	総合研究大学院大学	102.9	102.9	103.5
	北陸先端科学技術大学院大学	92.6	95.7	97.9
	奈良先端科学技術大学院大学	102.9	108.5	102.2
重点支援③	北海道大学	100.2	103.0	99.7
	東北大学	100.2	99.3	104.6
	筑波大学	100.2	91.7	97.0
	千葉大学	90.2	87.8	92.0
	東京大学	100.2	102.0	100.2
	東京農工大学	90.2	100.2	97.0
	東京工業大学	90.2	106.7	101.6
	一橋大学	100.2	87.6	95.0
	金沢大学	80.2	100.9	102.9
	名古屋大学	100.2	94.9	99.8
	京都大学	110.3	108.5	104.0
	大阪大学	100.2	99.6	100.1
	神戸大学	110.3	97.7	90.0
	岡山大学	90.2	90.8	96.0
	広島大学	90.2	88.1	99.7
	九州大学	110.3	107.0	100.2

出典：文部科学省「国立大学法人運営費交付金の重点支援の評価結果について」

●図表9　運営費交付金の傾斜配分結果

機能強化経費（新規分）の3か年の評価率（%）

	大学名	2016年度	2017年度	2018年度
重点支援①	北海道教育大学	107.8	102.7	98.4
	室蘭工業大学	97.0	92.4	104.9
	小樽商科大学	118.6	92.4	95.4
	帯広畜産大学	118.6	111.7	111.2
	旭川医科大学	―	86.4	80.1
	北見工業大学	97.0	92.4	102.0
	弘前大学	107.8	101.4	106.4
	岩手大学	118.6	99.9	84.1
	宮城教育大学	97.0	82.8	93.6
	秋田大学	97.0	102.7	105.0
	山形大学	107.8	102.7	102.0
	福島大学	86.2	113.0	112.2
	茨城大学	97.0	92.8	89.6
	宇都宮大学	118.6	102.7	83.4
	群馬大学	86.2	100.9	85.8
	埼玉大学	107.8	92.4	106.9
	横浜国立大学	107.8	102.7	97.5
	新潟大学	107.8	105.2	96.6
	長岡技術科学大学	118.6	100.7	91.9
	上越教育大学	97.0	92.4	77.4
	富山大学	97.0	80.5	104.4
	福井大学	97.0	98.5	99.6
	山梨大学	97.0	98.0	85.9
	信州大学	97.0	106.2	110.3
	岐阜大学	97.0	101.3	98.5
	静岡大学	97.0	90.8	89.3
	浜松医科大学	107.8	113.0	112.2
	愛知教育大学	97.0	99.6	95.2
	名古屋工業大学	107.8	102.7	103.6
	豊橋技術科学大学	107.8	99.7	103.9
	三重大学	118.6	108.1	109.2
	滋賀大学	107.8	102.3	92.7
	滋賀医科大学	97.0	102.7	91.8
	京都教育大学	75.5	82.2	94.4
	京都工芸繊維大学	118.6	102.7	112.2
	大阪教育大学	97.0	102.7	106.1
	兵庫教育大学	107.8	93.6	98.7
	奈良教育大学	118.6	82.1	90.8
	和歌山大学	118.6	95.1	77.7
	鳥取大学	97.0	98.9	102.0
	島根大学	97.0	92.4	102.0
	山口大学	97.0	92.6	97.5
	徳島大学	97.0	102.7	101.7

や国際文化系、地域科学といった科目も設けられるようになった。またあらためて門戸を大きく開いたことで、特に地方受験生の間で人気が出たところも多く、その傾向は当時の志願倍率などから推測できる。

しかし文部科学省は、2015年に、このゼロ免課程の原則廃止を決めた。そのため複数学部を持つ国立大学は、そのまま教員養成系教育学部でそれまでの受験生数を維持しようとするのではなく、新学部を作るなどし、そちらで教員や受験生を新たに確保しようとするケースも目立った。

しかし教育系単科大学の場合、そうはいかない。ゼロ免課程があることで、地元の要望に応えた科目を柔軟に作ることができたし、その先で、地域活性化という再ミッションを追求する道があったろうが、それも難しい。すでに組織の見直しを図っていた上越教育大学、鳴門教育大学などは厳しい状況となっている。

その点、重点支援③に該当する研究力を備えた大学群、たとえば東京大学、京都大学、九州大学などの旧帝大系はもともと規模が大きいし、運営費交付金も多い。そこにきて、さらに再配分でプラスされればホクホクだろう。

ただし同じ重点支援③にあったとしても、地方の有力国立大学クラスの場合、傾斜配分でプラスになるかどうかは年によって違うが総じて厳しい、という事実には注意しておきたいところだ。これまでの実績を見ても、財務省や文部科学省が、地方創生を真剣に考えた結果として配分を決定しているかは、はなはだ疑問である。

今後、この傾斜配分の金額はさらに増えていく可能性が高いと思われる。増額される大学はよいが、減額される大学にとっては、もともと運営費交付金が過去10年以上減らされてきたのに、さらに削られるのだからたまったものではない。こうした競争原理にさらされることに不安を持った、多くの加盟大学から突き上げられた国立大学協会の会長が、前述の抗議文を出したのは当然の流れだろう。

問題2：指定国立大学法人を新たに指名する必要性はあるのか

大学間に競争原理を持ち込もうという財務省と文部科学省の試みは、運営費交付金の再配分だけではない。

文部科学省は、2017年から世界最高水準の教育研究活動が十分に見込まれる国立大学を「指定国立大学法人」として選出している。これは、世界の有力大学と肩を並べられる大学を日本から生み出すという目標に加え、社会や経済に貢献した成果を指定国立大学法人から積極的に発信させることで、彼らが「大学改革の推進役」としての役割を果たすことを期待しての試みである。

指定された国立大学は、研究力を強化して、社会からの評価と支援を得る取り組みを、定めた期間内に実行することとなる。具体的には「研究力」「社会との連携」「国際協働」の3つの領域において、国内最高水準に位置していることがその前提となる。

その指定大学に申請するための条件が図表10「指定国立大学法人の申請条件（2016年の例）」に示された条項である。

このうち、「研究力」「社会との連携」で付された国内大学で10位以内という条件は、旧帝大系クラスならクリアしやすい。問題は、「国際協働」における学部生や大学院生の留学生や日本人派遣学生の国内10位以内かつ一定以上の割合という条件である。

東京や京都など世界でも知られる大都市にあり、もともと海外との留学協定校が多いような総合大学なら、クリアできるであろう。しかし地方の旧帝大系や有力国立大学にはなかなか困難だ。それはたとえば北海道大学、東京農工大学、一橋大学、金沢大学、神戸大学、岡山大学、広島大学、九州大学などである。

また「社会との連携」の項目では、経常収益に対する「受託・共同研究収益」「寄附金収

●図表10　指定国立大学法人の申請条件（2016年の例）

〈研究力〉〈社会との連携〉〈国際協働〉の３つの領域において、それぞれ１つ以上の要件の国内10位以内に位置した国立大学法人であること

〈研究力〉

○科学研究費助成事業における分野単位*で２分野以上、2012～2016年度における新規採択件数の累計が国内10位以内

＊情報学、環境学、複合領域、総合人文社会、人文学、社会科学、総合理工、数物系科学、化学、工学、総合生物、生物学、農学、医歯薬学の14分野

○Ｑ値（論文に占めるトップ10％補正論文数の割合）（2009～2013年）が国内10位以内（参考値 10.9％以上）

〈社会との連携〉

○経常収益に対する受託・共同研究収益の割合の2011～2015年度の平均値が国内10位以内（参考値 9.0％以上）

○経常収益に対する寄附金収益の割合の2011～2015年度の平均値が国内10位以内（参考値 2.6％以上）

○経常収益に対する特許権実施等収入の割合の2010～2014年度の平均値が国内10位以内（参考値 0.05％以上）

〈国際協働〉

○国際共著論文比率の1999～2013年の平均値が国内10位以内（参考値 25％以上）

○2010～2014年の学部における全学生に占める留学生及び日本人派遣学生の割合の平均値が国内10位以内（参考値 5.8％以上）

○2010～2014年の大学院における全学生に占める留学生及び日本人派遣学生の割合の平均値が国内10位以内（参考値 23.5％以上）

出典：文部科学省「第３期中期目標期間における指定国立大学法人の申請状況について」（2017年４月）

益」「特許権実施等収入」で一定の割合をクリアすることが条件となっている。

しかし社会との連携とは、民間からの資金などの狭い範囲に限定して考えるようなものではない。本来は地域の発展や社会福祉、社会人教育、地域医療など、他分野での多様な連携のことであろう。しかし先の条件では、あくまで収益が増える可能性の高い外部資金を重視し、そこに「社会との連携」という美名をかぶせただけと感じてしまう。

２０１７年に行われた、第1回の指定国立大学法人の公募には、東北大学、東京大学、東京工業大学、一橋大学、名古屋大学、京都大学、大阪大学の7大学が応募。その結果、東北大学、東京大学、京都大学が指定されたが、東京工業大学、一橋大学、名古屋大学、大阪大学は落選した。いずれも「国際協働」で引っかかったと推測される。

翌年の２０１８年では、岐阜大学との「アンブレラ方式（一法人複数大学制度）」による経営統合を打ち出した名古屋大学と、国立大学で一律だった授業料を、トップバッターとして値上げした東京工業大学が追加指定された（ちなみに値上げの2番手が東京藝術大学、3番手は千葉大学）。

なお２０１９年は、それまでに指定された5大学が、そのまま指定国立大学法人とされた。一橋大学も申請をしているものの、２０１９年4月の執筆時、まだ指定されていない。

この指定国立大学法人およびその公募に応募した大学は、国立大学再ミッションの話題で触れた、重点支援③のメンバーである。実際、指定国立大学法人に名乗りを上げた大学は、すべてA「世界最高水準の教育研究」をミッションとして選んだグループに属している。しかし、なぜ各国立大学が再ミッションを自主選択し、目標に向けて頑張り始めた矢先、さらに指定国立大学法人を公募方式で選ぶ必要があったのだろうか。

そもそも、国立大学改革の推進役を担うことになる指定国立大学法人のあり方が、ほかの特定分野を選んだ大学や、地域活性化の中核を担おうとする国立大学にとって、参考になるのかどうか、その点についてもはっきりしない点が多い。特に、企業からの資金や大学院生の留学生の割合など、大都市の有力国立大学に圧倒的に有利な条件を付すことが、本当にふさわしいかどうかはあらためて検討すべきだと私は考えている。

さらにこの指定国立大学法人という取り組みについて、興味深い記事が「朝日新聞」に載っていた。文部科学省がこの指定国立大学法人に関する評価のために、米国から2人の外国人学識経験者を委員に招いたというのである。

新聞記事によると、彼らから一日当たり約50万円の謝礼を求められたが、国の基準では約2万円しか支出できない。そこで、その差額分をベネッセホールディングスの関連法人が負担していたというのである（「文科省　米国識者へ謝礼416万円払えず　ベネッセに肩代わり依頼」、2018年12月19日）。

なお2020年から始まる大学入学共通テストのうち、英語認定試験のリストに、このベネッセの運営するGTECが入っている。また共通試行テストの記述問題を採点する委託教育機関もベネッセ関連企業が担っている事情などを考えると、不自然な癒着が疑われても仕方がないだろう。

しかしこれはこれとして、もっと大きな疑問がある。それは、そもそもなぜ、謝儀を一民間企業に負担させてまで、外国から指定国立大学法人を選ぶ評価委員に招へいする必要があったのか、という点である。

その選定に、海外の有識者の意見を聞かねばならないほど、日本の国立大学法人を客観的に評価する自信がないのだろうか？　近年の状況を鑑みるに、私は指定国立大学法人の制度導入へ強い疑念を抱かざるをえない。

問題3：世界の大学ランキングにこだわる意味はあるのか

このようにやや無理筋と思われる改革を進めてまで、文部科学省が国立大学同士を競争に駆り立てる背景には、国際社会における、日本の大学の地盤低下があるのは事実だろう。「ＴＨＥ（Times Higher Education）」などに代表される大学国際ランキング調査でも、国際的に引用される論文数などで、日本の大学はランキングを下げ続けている。特に日本の大学の被引用論文数は、近年、中国の清華大学や北京大学にも抜かれ話題となった。

高度成長期などであれば、高度な研究論文であろうと、あくまで国内向けに、日本語で発表できればそれで済むことも多かった。論文を英訳する手間をかけないぶん、研究に没頭できただろう。しかし、グローバル化が進んだ結果、研究論文が海外で引用される率が、研究力の国際的評価基準の一つとなった。英語になっていなければ論文の内容が一定のレベルに達していても、正当に評価される機会が大きく減少する。そのため、今では日本でも理系の論文はほとんど英語で発表されるようになっている。

一方、そもそも海外への留学生が多い中国の清華大学や北京大学クラスでは、国際競争力を高めるために公的研究費を惜しまない。また、アメリカなどに行き、技術や知識を身につけた中国人留学生が母国に戻り、ＩＴ産業や軍事技術を支え始めた現実も指摘されている。

彼らは中国国内で「海亀」と呼ばれ、その数はすでに３００万人を超えているという。中国はその国家戦略として「海亀」支援を各所に組み込んでおり、国際競争力の面で日本が対抗できていないのも当然かもしれない。

先述した指定国立大学法人などで競争意識をあおるより、国内や海外とのさまざまな教育研究の連携活動を国をあげてサポートするほうが上策だ。特に日本の場合、むやみな「国力強化」より、目の前の国民の生活向上や、国内外問わず、その持続的発展に役立つ研究をしたい、と考える大学人のほうがはるかに多いと思われる。

だから、もしそれでも指定国立大学法人を選出する、ということであれば、東京大学や京都大学など、すでに企業連携などでトップクラスとなっている学校ではなく、きちんと地方貢献に尽力している国立大学を評価してほしい。

詳しくは第4章で記すが、たとえば広島大学は現在、世界的研究レベルへの構想実現に向け、さまざまな取り組みをしている一方で、地元の企業や大学との連携にも力を注いでいる。同大学特有の平和科学の取り組みなどは、まさに世界の持続的発展につながる研究である。

競争意識をいたずらに増幅するような仕組みを上乗せするのでなく、各大学が個性的な教育研究活動を進めるにはどうするべきか。あらためてその視点に立ち、相互に学びあえるような協力連携体制の構築を急いで進めるべき、と私は考える。

問題4：アンブレラ方式は本当に地方創生にプラスになるのか

財政的な視点から、国が積極的に進めている施策の一つとして、「一法人複数大学制度」がある。「指定国立大学法人」の話題でも少し触れたが、学校経営を担う主軸が一つとなり、そこに複数の大学がぶら下がるという形容から「アンブレラ方式」とも呼ばれる。

2018年、そのアンブレラ方式の制度適用に九つの国立大学が名乗りを上げた。それを整理したのが図表11である。

過去に行われたものでは、国立医科単科大学と同地域内の国立大学との統合などでよく見られるように、統合後は一体化するのが通例であった。実際これらの事例では、両大学に共通する学部や学科がなかったため、統合にさほど問題はなかった。

しかし図表11におけるアンブレラ方式の背景を見てみると、各国立大学の状況の違いや、置かれた複雑な現実が浮かび上がる。

たとえば①の名古屋大学と岐阜大学の統合を考えた場合、工学部と医学部が完全にダブってしまっている。名古屋大学農学部と岐阜大学応用生物科学部も、別名ながら、教育研究分野が重複してしまっている。それだけに、完全統合するのなら、相当な調整が必要となるはずだ。

大学院名（名称なしは原則、研究科）	大学院収容定員数	運営費等交付金（億円）	科研費（億円）
人文学、教育発達科学、法学、経済学、情報学、理学、医学系、工学、生命農学、国際開発、多元数理科学、環境学、創薬科学	5745	317.4	73.7
教育学、地域科学、医学系、自然科学技術、工学、連合農学、連合獣医学、連合創薬医療情報	1375	115.9	7.5
畜産学	146	27.3	1.5
商学	99	12.6	0.5
工学	248	23.3	1.1
人文社会科学、教育学、総合科学技術、光医工学共同専攻、法務、自然科学系教育部、岐阜大学連合農学（参加）	1336	94.7	9.4
医学系、光医工学共同専攻、連合小児発達学（参加）	161	58.8	4.1
人間文化	510	33.5	2.1
教育学	140	24.9	0.8

出典：学部名・大学院名と収容定員数は、「国立大学協会概要 '18（会員名簿）」より。運営費等交付金は各大学のホームページより。奈良の両大学が2018年12月、ほかは2018年夏の著者調査。科研費は日本学術振興会「研究者が所属する研究機関別採択件数・配分額一覧（平成29年度）」より

北海道のケースでは、学部の分野も違ううえ、所在地も遠く離れている。学生数も少なく、３大学を合計しても学生数ではほかの国立総合大学に及ばない。キャンパス間の移動もどうしても限られるため、教務や学務の学生支援の機能などはある程度各大学に残さざるをえないだろう。半面、教養科目や語学など３大学での共通授業では、科目の多様化も期待でき、ITによる遠隔授業も取り入れられるかもしれないが、客観的に見れば不安のほうが大きい。経営統合というスケールメリットに加え、

●図表11　アンブレラ方式（一法人複数大学制度）の４事例

地　区	大学名	学部名	学部収容定員数
①東海 ＊東海国立大学機構	名古屋大学	文、教育、法、経済、情報、理、工、農、医	8820
	岐阜大学	教育、地域科学、工、応用生物科学、医	5354
②北海道	帯広畜産大学	畜産	1100
	小樽商科大学	商	2060
	北見工業大学	工	1660
③静岡	静岡大学	人文社会科学、教育、情報、理、工、農	7910
	浜松医科大学	医	975
④奈良	奈良女子大学	文、理、生活環境	1980
	奈良教育大学	教育	1020

教育研究の分野でも一種の異業種効果が生まれることを期待したいところである。

静岡大学のケースはさらに特殊だ。所在地が静岡市の静岡大学人文社会科学、教育、理、農などの学部が統合して一つの大学となる一方、浜松市にある情報と工の両学部と浜松医科大学が統合してこちらも一つの大学となる。すなわち統合とはいえ、静岡市系と浜松市系との二つの大学に分かれることを意味している。

なお２０１８年10月、静岡大学らを含め、アンブレラ方式を検討している名古屋大学・岐阜大学、帯広畜産大学・北見工業大学・小樽商科大学、浜松医科大学らが、文部科学省による国立大学改革強化推進補助金を申請している。実はその採択で、静岡大学と浜松医科大学は選ばれていない。

検討会の所見によると、アンブレラ方式の構想は評価しつつも、「再編統合による効果的・効率的な展開が可能であるが、そのことの展開に関する取り組みがなされていない」「浜松地区の連携による効果が明らかなのに対し、静岡地区の統合メリットが見えない構想となっている」とされた。このうち「静岡地区の統合メリットが明らかでない」という意見については、確かに静岡地区キャンパスの教員から反対が強いことからもうかがえる。しかし2019年3月下旬には統合・再編の合意書が締結されてしまった。

私の意見としては、地元静岡市で構想のある市立大学の新学部との連携を視野に入れた連携プランを打ち出し、静岡キャンパス教員の教育研究シーズを活かすことを考えるべきだと思うが、いずれにせよ統合するにはこれからが正念場となるだろう。

一方「奈良カレッジ」設立を宣言して進められた、奈良女子大学と奈良教育大学の統合は、アンブレラ方式だからできたと言える。女子大と共学単科大との完全統合は、一方のアイデンティティを無視しなければ、成立しえないからである。経営的には一法人となりつつも、複数の大学が伝統と個性を活かして存立するのは、この方式だからこそ実現が可能といえる。前にも触れたが、国立教育系単科大は、ゼロ免課程廃止の方向が決まった今、さらなる少子化で、そもそも存続が危ぶまれている。それもあり、奈良教育大学のアンブレラ方式への参加は注目したいところである。

4事例のうち名古屋大学と岐阜大学は、それぞれの国立大学法人を統合し、新たに両大学を経営する「東海国立大学機構」の設立に向けた基本合意書を2018年末に締結した。もともとモノづくりに強い東海地区ではあるが、さらにAIなど知的産業を育てるために、地元産業界からもアンブレラ方式を通じて、強力な研究ネットワークが生まれることを期待する声も多い。一方で、この東海国立大学機構への参加を呼びかけられている名古屋工業大学と三重大学の見解はどうだったか。名古屋工業大学は、2018年春の報道記者との懇談会で、記者の質問に対してこう説明した。

学長は、経営統合に関するスタンスとしては、これまで単科大学として位置づけを明確にし、工学系単科大学の強みを活かす方向で大学改革を進めてきた。これからも経営統合の考え方はない。事業ごとに他大学と連携していくことはあるが、経営統合には参画しない。

さらに、名古屋大学と岐阜大学の締結の発表があった2018年12月25日に、学長名で次のようなコメントを公表した。

本学は、新制大学として発足する際に工科系単科大学として存続する道を選択し、これまで、他の総合大学と異なる特色を持ち優れた教育研究実績をあげてきており、現在で『中京地域産業界との融合』を基本方針として改革に取り組んでいるところである。これからも本学は強みを活かし特色ある工科系単科大学として独立した経営・運営を行う。なお、これまでも、共同研究や留学生就職支援事業など、個別事業については名古屋大学と連携して実施しているものもあり、今後、個別事業に関しては、必要に応じて名古屋大学やそれ以外の大学と連携していく。

この名古屋工業大学の選択には、長年にわたり実践的な工学教育をしてきたという強い自負が感じられる。

また三重大学の尾西理事は「日本経済新聞」（「名大・岐阜大の統合協議始まる　狙いは運営効率化」、2018年4月19日）の取材を通じ、東海国立大学機構について次のようなコメントを発表している。

現段階で参加の意思はない。地域創生が大学の使命と考えている。動向は注意深く見守っていきたい。

つまり、「地方創生」という大学の使命を追求するうえで、今のところ、アンブレラ方式の意義付けは難しい、ということのようだ。

なおアンブレラ方式においては各大学の学部学科や授業科目、学生指導などは、原則として残すことができる。一方で法人が一つになり、管理運営部門の共通化が図られれば、理論上では、教職員の労力や時間のコストが軽減される。そしてこのコスト軽減が文部科学省や財務省の狙いの「核心」である。

現在の国立大学、特に若手教員の悩みとして、教務の負担が重いことがよく挙げられる。現場からは「教職協働（教員と大学事務職員の協働）」の流れの中、若手教員の負担はより増えている、という悩みも頻繁に耳にする。だから、文部科学省や財務省の狙いどおりに進めば、こうした悩みの解決の一助になるのだろう。

ただ、アンブレラ方式で管理運営部門の人員が減れば、結局、若手教員の負担はさらに増え、長期的には教育力・研究力の減退を引き起こす可能性が高いともいわれている。

また高校教員の間でも、今は2020年に迫る入試改革への対策で手一杯であり、アンブレラ方式に対する関心は、それほど高くないと思われる。法人の管理運営組織が統合しても、大学が独自に残るのであれば、受験生にとってそれほど大きな影響はないのではないか、という判断もあるだろう。しかし、あくまで受験生の将来を考えれば以下の点が気になるところである。

①参加大学数が増えることで重複する学部が多くなり、さらに学部再編が起こるのでは

②民間の英語外部試験の導入など、各大学で入試方式がバラバラになるのでは

③大学法人内の転部・転学科はどうなるのか、法人内他大学の科目履修において単位互換がどう扱われるのか

④履歴書などで学歴としてどのような扱いになるのか、就職活動支援は法人内で統一され

るのか

少し考えただけでも、こうした疑問が出てくる。法人本部のあるキャンパスは別として、他の大学では産学連携の面で不安視する声もある。アンブレラ方式が実際にスタートしてから、さらに現実的な疑問点や障壁は多く生まれてくることだろう。

問題5：大学改革の取り組みは正当に評価されているのか

多くの問題と向き合いながらも、各種の対応に追われる国立大学だが、そもそも彼らの努力は、国によって正当に評価されているのだろうか。

大学全体の改革努力を見るには、文部科学省の2018年国立大学改革強化推進補助金の申請結果（2018年11月発表）を見るのがいいだろう。

国立大学「再ミッション」で65％を占める地域活性化に相当する地域イノベーションで申請された6件のうち、採択されたのは2件。採択率としては33％となる。その2つが、先ほど触れたアンブレラ方式の大学である。

ただし、アンブレラ方式を選んだ静岡大学と浜松医科大学は不採択という結果に至ってい

●図表12-1　国立大学改革強化推進補助金の申請結果

①地域イノベーションの創出等に取り組む国立大学法人

通し番号	大学名	経営改革構想名	結果
1	小樽商科大学 帯広畜産大学 北見工業大学	北海道内国立大学法人の経営改革の推進	○
2	弘前大学 岩手大学 秋田大学	北東北3大学（弘前、岩手、秋田）連携による戦略的・効率的な教育研究機能の強化	×
3	静岡大学 浜松医科大学	地域の知の拠点としての機能強化のための静岡県の国立大学将来構想	×
4	名古屋大学 （岐阜大学） ＊②にも記載	マルチ・キャンパスシステムなど新たな国立大学モデルの構築	○
5	豊橋技術科学大学 長岡技術科学大学	技科大・高専連携に基づく地域産官学金協創プラットフォームの構築と全国展開による自立的な財政基盤・マネジメントの強化	×
6	徳島大学	大学間連携に資する共有ICTプラットフォームの構築と運用	×

注：○は採択、×は不採択

出典：文部科学省「平成30年度国立大学改革強化推進補助金の選考結果について」

るのはすでに記したとおり。

一方、「世界最高水準」グループで採択されたのは、申請14件のうち6大学。その6大学は、指定国立大学法人である東北大学、東京大学、名古屋大学、京都大学の4大学と九州大学、首都圏の筑波大学だった。

地方の有力大学である金沢大学、岡山大学、広島大学などは、申請したが不採択となっている。

しかし、その申請に対する所見を見ると、大学によって表現がかなり違う。これでは不採択でも仕方がない、という印象を受ける大学もあれば、広島大学のように各項目で肯定

●図表12-2　国立大学改革強化推進補助金の申請結果

②世界最高水準の教育研究の展開が見込まれる国立大学法人

通し番号	大学名	経営改革構想名	結果
7	北海道大学	知のフロンティアを切り拓きイノベーションとその社会実装を先導する研究大学として開花するための経営改革	×
8	東北大学	創造と変革を先導する大学 ～世界から尊敬される三十傑大学を目指して～	○
9	筑波大学	学際性・国際性に秀で、体育、芸術分野を持つ総合大学としての独自性を活かし、絶えず新たな学問分野を切り拓く研究大学の実現を目指した経営改革の加速化	○
10	千葉大学	世界最高水準の教育研究の全学的展開を目指した大学経営力強化戦略	×
11	東京大学	社会変革の駆動を実現するための安定的かつ自立的な経営基盤の獲得	○
12	東京工業大学	卓越した教育・研究による学知の創造と社会実装の好循環を推進する大学経営改革	×
13	金沢大学	ナノ生命科学分野を基軸とした大学経営力の抜本的強化に資する〝社会とのサーキュレーション〟の確立～世界の多様なセクターからの人材集積モデルの構築を起点として～	×
4	名古屋大学 (岐阜大学) ＊①にも記載	マルチ・キャンパスシステムなど新たな国立大学モデルの構築	○
14	京都大学	京大流経営改革の推進 ～指定国立大学法人構想に基づく機能強化～	○
15	大阪大学	社会との「共創」による「知」「人材」「資金」の好循環の実現	×
16	神戸大学	新たな価値を創造する神戸大学経営改革構想 ～海・国際・経営～	×
17	岡山大学	SDGsへの貢献を柱にした大学経営改革による社会実装拠点・学術研究拠点の形成 ――「一気通貫」のガバナンス改革と集中投資――	×
18	広島大学	ガバナンス強化による世界的な教育研究拠点の構築 ――「持続可能な発展を導く科学」を実践――	×
19	九州大学	九州大学ルネッサンスプロジェクト	○

注：○は採択、×は不採択

出典：文部科学省「平成30年度国立大学改革強化推進補助金の選考結果について」

的に評価されているのに、なぜか不採択になっている大学もある。

そうした意味で、著者の印象としては、アンブレラ方式のように「国策」に沿った改革を進める大学や指定国立大学法人などが高い評価になっているように感じられる。地方創生こそ、日本国民の将来にかかわるテーマであり、それに取り組む地方の大学こそ、大学改革の主役のはずなのに、である。

問題6：民間主導の英語試験への分かれる対応の背景

もともと国大協は、大学受験において、民間主導による認定試験を導入することを「時期尚早」としていた。ところが最近になってその姿勢は一転、「2020年から民間認定試験と英語の共通テストの双方を、全受験生に必須として課す」という方針を打ち出した。これは、民間認定試験を実施する大学と実施しない大学に分かれてしまうと、受験生が混乱するという理由からである。

さらに2017年の総会では民間試験について、

①一定水準以上を出願資格にする

②共通テストの成績に加点する
③「出願資格」「加点」の併用

という選択肢を示している。

図表13に旧帝大の対応をまとめたが、執筆時には、「必須とせず」という大学も出てきている。つまり、現状では国立大学での扱い方が統一されておらず、受験生や高校に大きな混乱を与えている、というのが事実だろう。

第1章の図表8に記した英語民間認定試験は、もともとその目的も性格も違うため、複数のこれを「ヨーロッパ言語共通参照枠」と呼ばれる「CEFR（Common European Framework of Reference for Languages）」が設定した6段階を用いて比較する、ということになっている。

たとえば東京大学、京都大学、大阪大学ではCEFRのA2、つまり「初級の日常会話レベル」が必要とされることになる。A2は広く高校生が受ける英検で言えば、準2級相当とされる。一流国立大学を受ける高校生からすると、レベルが低すぎるのでは、という声もあるだろうが、英会話は苦手でも、ほかの能力が卓越した受験生もいるわけで、彼らを取り逃

●図表13　2021年の一般入試における英語民間認定試験の旧帝大の扱いの差異

	旧帝大系の方針
北海道大学	民間認定試験を利用しない
東北大学	出願要件としないが、A2以上の英語力を備えていることが望ましい
東京大学	民間認定試験 A2以上の英語力を出願資格として、認定試験または高校提出の専用の証明書などで確認
名古屋大学	民間認定試験 A2以上の英語力を出願資格として、認定試験または高校提出の書類などで確認する
京都大学	民間認定試験 A2以上の英語力を出願資格として、認定試験または高校提出の書類などで確認する
大阪大学	民間認定試験 A2以上を出願資格とする
九州大学	民間認定試験 A2以上を出願資格として、満たさない場合は事情明記の理由書を提出

注：2019年３月上旬時点の状況。以上筆者調べ

したくない、という学校側の思惑もあるのだろう。

北海道大学と京都工芸繊維大学は、２０２１年度入試では、出願資格でも加点式でもこの民間外部試験は利用しないと表明した。入試に最も大切な公平性を担保できない、というのが大まかな共通した理由である。

同様に、東北大学は「Ａ２以上の能力を備えていることが望ましい」としつつ、２０２０年に実施する２０２１年度入試において、民間認定試験の取り扱いを「公平公正な受検体制の整備や成績評価などに関しこれまでに様々な問題が指摘され」「解決する見通しが立っていない」とし、必須に

しないことを発表した。

　その理由として、英語の民間認定試験を受験生に一律に課すことに対して、同大学が実施した高等学校での調査を通じ、賛成が８％と少数だった一方、反対が40％を占めていたことがあるとしている。つまり、認定試験を大学の合否判定に用いることには無理があり、受験生の公平公正な扱いを損ねる恐れがあると判断したのである。受験生サイドでも、同大学の姿勢を評価する声は多い。

　一方、同じ東北地方で、英語の民間認定試験の導入に積極的な福島大学では、具体的な加点方法を発表している。大学入学共通テストの筆記およびリスニングの合計点を２５０点満点とした場合、その得点を１６０点満点に圧縮。英語「資格・検定試験」の結果に基づく加点の点数については、最高点を40点とし、筆記およびリスニング（１６０点満点）とＣＥＦＲ対照表に基づく加点（40点満点）の合計得点を、福島大学の各学類の配点に圧縮して利用する。なお大学入学共通テスト「英語」の受験者には、英語「資格・検定試験」の受検を課し、受検結果がいずれの水準にも該当しない場合は０点として扱うようだ。かなり積極的な利用法だと言える。

　ただ、福島大学はもともとグローバル教育を掲げた大学だ。そのため、本人の実践的な語学能力を重視せざるをえないと判断したのであろう。同時に、学生の長期海外留学や外国人留学生の受け入れも積極的に進める方針を示している。

広島大学も英語の民間認定試験を一般選抜の全受験生に課すとともに一定の条件、たとえば英語検定準一級以上の取得などの要件を満たした場合、大学入試センターの英語テストを満点と見なす方針を定めている。

一方、高校教育の実情を知る者からは「A2は決して低いハードルでない」という見解も出ている。確かにこの基準をそのまま出願資格にすると、ほかの教科は優れていても英語が苦手、という生徒が最初の段階で弾かれてしまうことを意味する。英語の重要性を強調するあまり、教科の一つに過ぎないという原則を忘れてしまうと、生徒の多様な能力の向上の足を引っ張ることになりかねないのではなかろうか。

さらに民間認定試験は、理論上、受験前に複数回受けられる。民間の教育機関からすればビジネスチャンスだろうが、一般にそういった検定の場合は実施場所が限られているなど、都会と地方では受検機会の格差が生じてしまう。

ただでさえ学習環境で有利といわれる首都圏の私立中高一貫校の生徒はますますチャンスに恵まれるだろうし、地方の公立高校生はハンデを背負いかねない。離島やへき地の生徒なら、なおさらだ。もちろん、民間の検定だから費用負担も増えることになる。

民間認定試験が問題になっているのは英語だけではない。新形式の試験により、国語などで増える記述式問題の採点についても、現在の大学入試センターでは対応ができず、民間教育機関に委託することが見込まれている。

試行調査では、委託先として有力視されているベネッセコーポレーションが大学院生らからなる、約２０００人ものアルバイト採点者を動員した。本番の試験では、50万人近い受験生の解答を短時間で採点しなければならないため、おそらく採点者も３万人近くは必要になるという推測もある。

大学入試センターは今後、本番の委託教育機関を入札で選ぶことを決めた。なお試行調査での委託費ですら約2億６０００万円に上っているが、本番での額としてはその10倍程度は必要となってくる。財務省としては民間教育機関への委託を増やし、可能な限り大学受験を民営化することで、受験料の値上げをしやすくする一方、公的負担を減らすことがその狙いとなるのだろう。

問題7：文系軽視は正しいのか

『中央公論』2019年4月号の特集「文系と理系がなくなる日」の中で、元外交官で作家の佐藤優氏が、「『文理融合・リベラルアーツ重視』という経団連の提言を大学は真剣に受け止めよ」と説いている。大学が揺れ動いている今、この提言は、一つの方向性を示唆していると思う。

経団連による「文理を超えるべき」という主張は、文部科学省に根強い「人文科学を中心にした地方国立大学の文系学部を支える財政的余裕はない」という発想へのアンチテーゼである。

そもそも「文系不要」という発想の裏には、モノづくりに必要な理工系、国民の健康にかかわる医学部などの医療系、そのほか学校教員養成など、国家形成の基幹をなす学部については国立大に、そのほかの文系学部は私立大学に任せればいい、という伝統的思考があると思われる。

一方、経団連の見解は、「文理の枠を超えた奥の深い教養こそ、グローバルな社会で活き、そこでのコミュニケーションに欠かせない」という経営者の実体験に裏付けられたものだろう。今や経営層だけでなく、現場の社員すべてに、諸外国のビジネスマンとのコミュニケーションが必要とされるようになった。そしてそういった場面で深い教養なくしては、同時に実のあるやり取りも成立し難い時代なのも事実である。

中部経済連合会（約８００の企業・大学・商工会議所の構成）の藤原啓税常務理事事務局長は私の取材を通じ、「ネット・ＡＩの時代が進展すればするほど、人間性・個性から発する一人称で語ることのできる人文社会科学系の一般教養的思想が重要である。この創造性は、ネットのコピペの作業や人のプログラムから発想されたＡＩでは絶対に出てこない」とし、「１９９０年代以降、文部科学省は理工学系に教育の重点をシフトしたため、以降の卒業生は倫理哲学・芸術面の中長期的な価値創造の思考が非常に弱くなっている。英国オックスフォード・ケンブリッジの両大学が先行している領域だが、ＭＩＴ・ハーバードでもこの領域の学習・研究が相当進んでいる。この環境の中で、ＧＡＦＡ（グーグル、アップル、フェイスブック、アマゾンの４社）への牽制機能も働いている。やみくもに政府・文部科学省がデジタル化のみを叫ぶのは危険である。中経連では、社会人の人文社会科学系の学び直し講座を推進しサポートする役割・仕組みを作っていかなければいけない」と指摘していた。

つまりグローバルと地方の経済両方に精通しているからこそ、モノづくりを支える理工系の知識だけでなく、文系のリベラルアーツも必要だと主張しているのである。

地方では、首都圏のように充実した文系学部を擁する有力私立大学が少ない。だからこそ、ビジネスとグローバル化に対応できるようなリベラルアーツ教育を充実させるため、地方創生を実現するためには、地方国立大学での文系学部の充実こそが肝要である。そして、そこで必要とされるのは、過去の文理の枠にとらわれて、片方を切り捨てるようなものではなく、むしろそれらを融合するような発想だと私は考えている。

第3章

2020年 地方国立大学による「日本復活」が始まる

ランキングから各大学の実力を見てみれば

第3章ではいよいよ、各地方国立大学が始めたチャレンジについて見ていきたいと思う。この章を読めば地方の国立大学の奮起が、同時に日本復活につながることがよくお分かりになると思う。

第2章で紹介した「THE 世界大学ランキング」は、今やマスコミらがその情報ソースとして盛んに取り上げるようになっている。各大学を評価しようにも、入試の偏差値は予備校などの出どころで違うし、もちろん学部によって大きく異なる。その点このランキングは、一定の指標に基づいてランク付けされたものだし、誰の目にも分かりやすい。

図表14に「THE 世界大学ランキング 日本版」の上位20位までを紹介しよう。なおスコアの規準は次のとおりだ。

●教育リソース——どれだけ充実した教育が行われているか。5項目で構成され、全体の34%を占める。①学生一人当たりの資金（8%）、②学生一人当たりの教員比率（8%）、③教員一人当たりの論文数（7%）、④大学合格者の学力（6%）、⑤教員一人当たりの競

●図表14　THE 世界大学ランキング 日本版（上位20位まで）

2019年順位	2018年順位	大学名	スコア				
			総合Ｉ	教育リソース	教育充実度	教育成果	国際性
1	1	京都大学	82	84.4	78.8	98.4	69.8
2	1	東京大学	81.9	87	79.9	97.3	63.8
3	3	東北大学	80.2	82.5	80.9	95.6	63.2
4	5	九州大学	79.5	76.9	77.2	96.9	73.4
5	6	北海道大学	79.3	74.3	81.7	93.7	72.8
5	7	名古屋大学	79.3	77.6	80.3	95.7	67.8
7	4	東京工業大学	79	77.5	76.7	93.5	73.4
8	8	大阪大学	77.9	78.8	77.1	96.6	62.4
9	9	筑波大学	77.5	74.3	84.5	90.4	61.8
10	12	国際教養大学	76.7	51.4	92.4	72	100
11	16	国際基督教大学	72.7	54.3	90.4	50.1	95.4
12	13	広島大学	71.8	66.7	78.2	74	69.3
13	11	早稲田大学	71.5	53.1	79.9	93.6	72.4
14	10	慶應義塾大学	70.4	60.5	76.3	95.9	58
15	14	一橋大学	68.5	52.4	77.8	81.4	71.8
16	18	神戸大学	68	66.7	73.2	80	52.7
17	15	上智大学	67.9	45.9	83.5	66.8	83
18	20	金沢大学	66.6	65.8	76.1	60.6	58.8
19	19	千葉大学	66.4	64.6	75.2	72.9	51.2
20	17	東京外国語大学	65.9	44.9	80.1	66.3	80.2

出典：ベネッセ「THE 世界大学ランキング 日本版」のホームページより

争的資金獲得数（5％）

●教育充実度――どれだけ教育への期待が実現されているか。5項目で構成され、全体の30％を占める。①学生調査：教員・学生の交流、協働学習の機会（6％）、②学生調査：授業・指導の充実度（6％）、③学生調査：大学の推奨度（6％）、④高校教員の評判調査：グローバル人材育成の重視（6％）、⑤高校教員の評判調査：入学後の能力伸長（6％）

●教育成果――どれだけ卒業生が活躍しているか。「教育成果」は次の2項目で構成され、全体の16％を占める。①企業人事の評判調査（8％）、②研究者の評判調査（8％）

●国際性――どれだけ国際的な教育環境になっているか。4項目で構成され、全体の20％を占める。①外国人学生比率（5％）、②外国人教員比率（5％）、③日本人学生の留学比率（5％）、④外国語で行われている講座の比率（5％）

前年度までと違うのは、教育充実度の学生調査を新たに加えた点である。

このスコアの項目の中で、受験生が一般的に気にするのは、教育リソースの④大学合格者の学力、すなわち入学偏差値であろう。次に気にする就職率は、実態が正確につかめないためか、「企業人事の評判調査」（具体的には、日経ＨＲ作成による「企業の人事担当者から見た大学のイメージ調査」）で代用している。

一方で学部構成によってデータがとれないためか、国家試験合格率は指標にない。さらに近年注目度が増している退学率、留年率なども使われていない。

こうした部分は将来改善されていくと思うが、ともあれ、従来は合格難易度だけに頼りがちだった大学の評価が客観的数字で示されたことは、意義があるだろう。

地方国立大学でランクアップが目立つ理由

図表14のうち、２０１８年と２０１９年を比べランクアップした大学は九州大学、北海道大学、名古屋大学、国際教養大学、国際基督教大学、広島大学、神戸大学、金沢大学である。逆にランクダウンは、東京大学、東京工業大学、早稲田大学、慶應義塾大学、一橋大学、上智大学、東京外国語大学である。この変動からは、全般的に地方国立大学と公立大学が伸び、東京の大学がダウンしていることが分かる。

表にはないが、20位以下から50位までを見ても、地方国立大学で、ランクアップする例が目立つ。たとえば、38→29位豊橋技術科学大学、42→31位京都工芸繊維大学、43→40位長崎大学、68→41位豊田工業大学、51→45位新潟大学、54→46位信州大学、58→48位秋田大学などである。一方、関関同立（関西・関西学院・同志社・立命館）などの有名私大で、ランクダウンが見られる。

地方国立大学でランクアップが目立つ理由として、2019年から新たに学生調査を導入し、それをランキング指標に反映させたためと私は考えている。ランクアップした多くの大学が、学生へのこうした調査でよい数字が出た可能性がある。おそらく大学生活や大学の教育に対する満足度などが高いのではないだろうか。

もちろん地方国立大学の大学改革の成果もあるだろう。特に文部科学省による「再ミッション」において「地域活性化」をそのミッションとして選んだ大学の中で、地域貢献を視野に入れた新学部創設が相次いだ。こうした新学部設立が結果として、近年目立つ「大学改革」へとつながることもあったようだ。

国立大学の現状をさらに「数値化」してみると

2004年の国立大学法人化以降、運営費交付金が年に1%ずつ削減されてきたことはすでに記した。

その計画では、各大学とも一律の割合で減らされてきたため、最初から財務的な格差はあったものの理論上、それ以上に広がることはないはずだった。ところが「選択と集中」という方針が加わり、競争的資金が拡大したため、大学間の格差は実質的により広がったといえる。

そこで、図表15に旧帝大系の７大学と旧官立大系の11大学の学部が置かれた現状が伝わるデータを列記してみよう。それで各大学のおかれた状況の一端が、よりスムーズに理解できるようになるはずだ。

図表の数字は基本的に、２０１９年3月末の大学ポートレートや各大学のホームページのデジタルデータを用いているため、日々変化するものである点をご理解いただきたい。

また大学によって学生数などのデータを更新するタイミングが違うことなどがあり、大学ポートレート内の数字でも年度が違う場合がある。数字が出そろっている旧年度で統一しようとしても、古いデータを公開していない大学もあることから、すべてのデータを同時点のものでそろえるのは極めて難しいのが実情である。そのため、総合指数の基準年度や月日にばらつきがある点についてはお許しをいただきたい。

さらに決算額については大学ごとのサイトを見て確認したものであるが、年度のみならず、

	女子学生数	学部入学定員	大学院入学定員	決算額（億円）		運営費交付金総額（円）	教員1人当たりの運営費交付金額　（円）
				歳入	支出		
	3291	2485	1603	964	923	36,226,803,000	15,428,791.7
	2876	2396	2707	1,473	1,453	45,603,506,000	14,454,360.1
	2731	3060	3228	2,503	2,374	80,456,992,000	20,854,585.8
	2966	2100	2403	1,101	1,052	31,622,196,000	13,399,235.6
	2979	2823	3705	1,741	1,675	54,831,754,000	16,251,260.8
	5208	3255	3047	1,457	1,363	43,679,737,000	13,369,983.8
	3338	2555	2668	1,450	1,393	41,665,921,000	17,274,428.3
	3975	2102	3014	1,031	968	40,654,109,000	21,810,144.3
	4047	2338	2024	740	710	24,888,297,000	14,832,119.8
	1259	3820	1318	116	113	5,657,398,000	15,802,787.7
	4219	2670	1802	797	775	20,562,289,000	12,989,443.5
	637	1028	1544	455	428	21,355,029,000	20,513,956.8
	4076	2242	—	622	552	16,041,382,000	12,106,703.4
	4157	2195	1125	700	682	18,131,528,000	12,267,610.3
	4243	2322	—	696	685	17,929,151,000	13,420,023.2
	3062	1714	806	534	527	15,713,314,000	15,138,067.4
	2842	1641	591	616	585	16,081,703,000	13,875,498.7
	3200	1672	828	612	602	14,878,625,000	16,965,364.9

出典：教員数、学生数、学部入学定員、大学院入学定員は「大学ポートレート」より、学部数、外国人留学生数、女子学生数、決算額、運営費交付金総額と教員１人当たりの運営費交付金額は各大学のサイトを参照した

表示が微妙に違うところもあり、その点を勘案してお読みいただきたい。

学部数は大学のサイトで調べて、原則として研究科などは含めず学部のみの数を記載した。また薬学部のように、同じ学部名で4年制と6年制に分かれているなどの場合は一つとしている。

また東京工業大学や筑波大学のように、一

●図表15　総合指数（学部）

	大学名	学部数	教員数	学生数	外国人留学生数
旧帝大系	北海道大学	12	2348	11346	107
	東北大学	10	3155	10881	205
	東京大学	10	3858	14024	461
	名古屋大学	10	2360	9724	304
	京都大学	10	3374	13118	240
	大阪大学	11	3267	15250	365
	九州大学	12	2412	11679	189
旧官立大系	筑波大学	9	1864	9909	359
	広島大学	12	1678	10887	317
	一橋大学	4	358	4431	193
	神戸大学	12	1583	11596	111
	東京工業大学	6	1041	4828	195
	新潟大学	10	1325	10277	62
	岡山大学	11	1478	10157	194
	千葉大学	10	1336	10648	159
	金沢大学	3（学域数）	1038	7862	79
	長崎大学	9	1159	7502	96
	熊本大学	7	877	7844	186

般の学部名ではない場合でも、便宜上、学類や学群などを学部と同様と見なしている。東京大学のように入試での募集単位が、科類別であっても、大学部が学部組織として構成している場合もある。北海道大学の総合入試でも同様だ。その場合、学部として合計数を示してみた。

数字の向こうから見える「日本復活」への動き

以下、数字から大学の実力を見ていこう。そこから地方国立大学の新しい動きをうかがい知ることができる。

たとえば図表15では金沢大学の学部数が3ととても少ないことに気づいたかもしれない。総合大学では異例のように見える。

金沢大学は従来の学部学科制に代えて「学域学類制」「副専攻制」など幅広い学び・学際的な学びを提供する教育の枠組みを近年取り入れた。ほかの大学のように、履修単位を学部学科の中から選ぶのではなく、より幅広い対象から選びとることができる。そしてこの学域数が3つなのである。

旧帝大系では、九州大学などで新しい内容の学部創設の動きがあるが、数は多くない。新学部の設立に力を入れた広島大学、神戸大学、新潟大学、岡山大学など、旧官立大系の地方有力国立大学はその点積極的だ。いずれも新設学部が多く、学部数も増加している。

また留意すべき数値として、学部入学定員と大学院入学定員がある。

旧帝大系は北海道大学や大阪大学を除き、大学院入学定員のほうが多い。これは国の大学院重点化構想に沿ったものといえよう。それに比べ旧官立大系は、首都圏の筑波大学や東京工業大学を例外として、学部の入学定員のほうが多い。

理工系や医療系を除き、文系、特に人文科学系の大学院出身者の進路の現状そのものが近年、社会問題となりつつあるのは注目すべきところでもある。
「朝日新聞」の記事（2019年4月18日、「気鋭の研究者　努力の果てに」）によると、東北大学の人文系大学院を出た元ポスドクの女性が2016年に43歳で自殺。江戸中期の仏教研究で高い評価を受ける業績を残したが、大学教員への就活に行き詰まった結果だという。同記事の解説によると、人文科学系の博士課程卒業者で、就職や進学をしない者が約3割。2割弱が「死亡・不詳」となっている。この事件は、まさに大学院重点化の国策に沿って、大学院収容定員の枠を広げたことが一因にあると思う。

そのほか収支を見ると、赤字の大学はないが、規模で東京大学が頭抜けており、それに比べ、社会科学系学部のみの一橋大学の収支の小ささが目立つ。

ばらつきが大きいのが、教員一人当たりの運営費交付金だ。2000万円を超えているのは、東京大学、筑波大学、東京工業大学の首都圏のみ。前述したように19年4月から東京工業大学は、東京藝術大学とともに、今まで国立大学で一律だった授業料を20％近く値上げした。2019年6月には千葉大学も値上げを発表している。受験生募集力に自信があるからこその値上げだろうが、こうした人気大学が学費値上げに走れば、各大学間の財政格差はますます広がりそうだ。

学生における女子学生の比率は、数年前に、東京大学が女子学生の比率を上げるべく対策を打ち出したこと、また2019年の東京大学入学式で、祝辞を述べた名誉教授の上野千鶴子氏が、東京大学教員や学生に占める女性の比率が低いことに触れて話題になったので、その数字を出してみた。ここからは、女子学生の比率は地方国立大学のほうが高いことが分かる。

次に教育や研究の面を見てみよう。図表16を教育、図表17を研究の指標と分けたが、各数字がそれぞれ意味を持っている。

図表16に示した海外への派遣留学生数や社会人学生数は、大学のグローバル人材育成やリカレント教育が声高に唱えられている割には、各大学のホームページで非公表だったり、数字の基準があいまいだったりするケースも多い。ここは国立大学協会が音頭を取って、どの大学にも共通した基準による数字を公表すべきだろう。

さらに図表16をよく見ると、神戸大学の退学率や1年次退学率が高いようだが、理由はよく分からない。

謎なのは、広島大学の一人当たり奨学金支給平均額であり、ほかの大学よりも頭抜けている印象がある。対象人数はそれほど多くないけれども、おそらく大学独自の給付型奨学金を充実させていることが背景にあると思われる。

なお図表17の研究所数としてカウントしているのは「附置研究所」などであり、研究センターなどは原則として数えていない。その点、旧帝大系は明確になっているが、旧官立大系はいくつかの変動がある。千葉大学が「研究所0（20）」というのは、研究所や研究センターなどの違いは明確でなく、同大のサイトで確認し、研究所という組織名でなく、リンク先の「センターなど」の「共同利用教育研究施設／国際共同教育研究施設」など20か所をカウントしたためである。

2005年（平成17年）度から2018年（平成30年）度の13年間の科研費の伸びを見ると、総じて旧官立大系のほうが伸びている大学が多い。ただ教員一人当たりの科研費は、まだまだ旧帝大系が多い。言い方を換えれば、地方国立大学のほうが伸びしろが大きかったともいえる。

また科研費の性格からいって、文理さまざまな学部のある総合大学が採択数や採択率が高い傾向にあると思われがちであるが、採択率で見ると、文系単科大学が意外と健闘している。

たとえば2018年度の新規採択分で、1位は東京外国語大学の52・8％、2位は一橋大学で50・4％、研究所などを除く大学では6位に日本福祉大学、8位に九州歯科大学、9位に東京学芸大学がランクインしている。ちなみに２０１６年度でも、一橋大学、東京外国語大学、東京学芸大学は上位につけている。

旧帝大系や地方国立大学の現状を理解していただいたところで、ここからは各地方国立大学の具体的な取り組みについて見ていきたい。

退学率（%）	留年率（%）	1年次退学率（%）	1人当たりの奨学金平均額（円）	THE 日本版ランキング
1.50	11.00	0.10	204,000	5
1.50	13.10	0.40	384,000	3
0.50	23.60	0.00	421,000	2
1.20	11.60	0.30	439,000	5
1.20	20.60	0.50	216,000	1
2.10	23.70	0.60	397,000	8
1.90	11.60	0.30	178,000	4
2.00	14.10	0.50	205,000	9
2.60	11.40	0.80	1,192,000	12
1.40	27.70	0.40	259,000	15
3.40	17.00	2.00	298,000	16
				7
3.00	10.40	0.60	326,000	45
2.50	11.10	0.60	254,000	24
2.10	12.50	0.40	227,000	19
2.50	10.70	0.20	173,000	18
3.80	14.00	0.70	192,000	40
4.30	12.50	0.70	996,000	

●図表16　大学教育の指標

	大学名	海外へ留学する学生数	教員１人当たりの学生数	学生に占める外国人留学生比率　(%)	学部学生に占める25歳以上の比率　(%)	女子学生の比率　(%)
旧帝大系	北海道大学	1373	4.83	0.94	0.61	29.01
	東北大学		3.45	1.88	0.62	26.43
	東京大学	1871	3.64	3.29	0.09	19.47
	名古屋大学		4.12	3.13	0.35	30.50
	京都大学	2209	3.89	1.83	0.48	22.71
	大阪大学	1521	4.67	2.39	0.23	34.15
	九州大学	1407	4.84	1.62	0.96	28.58
旧官立大系	筑波大学		5.32	3.62	0.54	40.12
	広島大学	744	6.49	2.87	0.69	37.03
	一橋大学		12.38	4.36	0.20	
	神戸大学		7.33	0.96	0.67	36.38
	東京工業大学		4.64	4.04	0.20	
	新潟大学		7.76	0.60	1.27	39.66
	岡山大学		6.87	1.91	0.54	40.93
	千葉大学	1067	7.97	1.49	0.96	39.85
	金沢大学	594	7.57	1.00	0.94	38.95
	長崎大学		6.47	1.28	1.51	37.88
	熊本大学		8.94	2.37	1.71	40.80

出典：「海外へ留学する学生数」は日本学生支援機構のホームページより（金沢大学は大学のホームページより）。「学部学生に占める25歳以上の比率」「退学率」「留年率」「１年次退学率」「１人当たりの奨学金平均額」は『大学の実力 2019』（中央公論新社）、THE 日本版ランキングはベネッセのホームページより。そのほか空欄は非公表、あるいは確認・確定できず

平成30年度教員1人あたりの科研費（円）	平成17年度から平成30年度までの科研費伸び率　（%）	同一県内の中小企業との共同研究件数	同一県内の企業・地方公共団体との共同・受託件数	国際交流協定数（大学間交流協定）	2018年度THE 世界大学ランキング
1,983,347.5	82.9	138	62	192	401-500
2,379,730.6	79.2	265	109	232	251-300
4,324,285.4	83.0	420	1099	146	42
2,483,287.3	90.8	120	211	155	301-350
3,128,260.2	80.5	231	125	183	65
2,490,125.2	91.1	267	332	127	251-300
2,393,919.6	101.6	155	66	124	401-500
1,734,549.4	107.1	118	53	149	401-500
1,194,454.1	86.5	98	135	347	601-800
1,441,061.5	145.5	—	—	107	
1,523,057.5	97.5	106	109	170	601-800
3,588,208.5	82.2	75	361	103	251-300
1,004,075.5	108.3	70	52	75	801-1000
1,102,958.1	89.3	107	36	163	801-1000
1,297,995.5	97.0	95	47	200	601-800
1,634,200.4	125.0	62	20	191	801-1000
927,178.6	107.5	33	19	235	801-1000
1,523,980.6	91.9	86	46	122	801-1000

注：一橋大学は文系のみの大学につき、「同一県内の中小企業との共同研究件数」「同一県内の企業・地方公共団体との共同・受託件数」については数字の扱い方が異なっている可能性があるため掲載せず。千葉大学の研究所数の扱いは本文参照

出典：「2005年度　旧科研費」「2018年度　科研費総額」は文部科学省のホームページ、「同一県内の中小企業との共同研究件数」および「同一県内の企業・地方公共団体との共同・受託件数」は文部科学省および各大学のホームページより、「国際交流協定数（大学間交流協定）」は各大学のホームページより、「2018年度　THE 世界大学ランキング」はベネッセのホームページを参考とした

●図表17　研究力の指標

	大学名	大学院研究科数	研究所数	2005年度旧科研費（円）	2018年度科研費総額（円）
旧帝大系	北海道大学	21	4	5,614,351,000	4,656,900,000
	東北大学	18	6	9,479,090,000	7,508,050,000
	東京大学	15	11	20,111,555,000	16,683,093,000
	名古屋大学	13	3	6,455,040,000	5,860,558,000
	京都大学	18	13	13,114,960,000	10,554,750,000
	大阪大学	15	6	8,928,940,000	8,135,239,000
	九州大学	18	4	5,682,570,000	5,774,134,000
旧官立大系	筑波大学	9	1	3,019,900,000	3,233,200,000
	広島大学	11	1	2,317,831,000	2,004,294,000
	一橋大学	6	9	354,650,000	515,900,000
	神戸大学	15	1	2,472,822,241	2,411,000,000
	東京工業大学	2	3	4,543,970,000	3,735,325,000
	新潟大学	6	2	1,227,900,000	1,330,400,000
	岡山大学	8	3	1,825,509,000	1,630,172,000
	千葉大学	11	0（20）	1,787,470,000	1,734,122,000
	金沢大学	7	1	1,357,110,000	1,696,300,000
	長崎大学	7	2	999,260,000	1,074,600,000
	熊本大学	10	2	1,454,970,000	1,336,531,000

九州大学が50年ぶりに創設した共創学部とは

旧帝大系の九州大学は、九州地方における地方創生の主役といえる。国立大学再ミッションとして、世界最高水準の研究の実現を掲げていることもあり、グローバルにも活躍できる人材の育成が課題であった。そしてその課題をクリアすべく、2018年に創設されたのが「共創学部」である。同大学では実に50年ぶりの新学部ということもあり、大いに関心を集めている。

大学側の新学部への入れ込みようも大変なもので、2019年5月現在、ホームページの学部紹介のトップに共創学部が出てきていた。用意された入試制度も個性的で、AO入試(20人)はもちろん、九州大学として唯一の推薦入試(10人)、帰国子女や海外留学生向けの国際型入試(10人)に加え、一般入試(65人)がある。なお一般入試では前期のみだが個別試験として他学部にない小論文を課している。

従来の高校教育では「答えがある」問題に取り組み、知的基礎体力を身につけることが要求された。一方、大学では学部学科選択によって特定の専門分野を早い段階で決め、「何を学んだから何をする」という専門性が先行しがちな印象がある。

しかし共創学部では「何を学んだから何をする」ではなく、「何をしたいから何を学ぶ」という姿勢が求められる。そのため、課題発見から解決に導くために必要な態度・能力を「能動的学習能力」「課題構想力」「協働実践力」「国際コミュニケーション力」という4つに分類し、これらへの態度・能力の涵養《かんよう》を通して「共創的課題解決力」の獲得を目指すという。

学ぶ分野も従来の学問分野の枠組みを超え、「人と社会」「人間・生命」「地球・環境」「国家と地域」の4つのエリア（領域）を設定。横断的に学ぶことになる。九州大学の改革構想、いわゆる「ルネッサンスプロジェクト」における取り組みといえるであろう。

伝統にとらわれがちな旧帝大系としては、思い切った内容だ。これは単に「世界で最高の研究を目指す」といった「学問の府」としてありがちな自尊心にとらわれず、「自ら課題を見つけ、それを解決する人材を育てる」ことこそ、これからの日本の大学が直面する重要な課題だという認識があるからだろう。

島根大学のユニークな「フレックスターム」

統一地方選挙前半戦が終わったばかりの2019年4月17日、地方紙である「山陰中央新報」のコラム欄にこうあった。

「時代は変わり、利益誘導型政治は限界を迎えた。必要なのは地方の『自立』。20年前の地方分権一括法施行で『対等・協力』になったはずの国と地方の関係は『上下・主従』が続く。新しい時代のリーダーには国頼み、国任せではなく、県民の力を結集した島根ならではのビジョンが求められる」

これは政治家だけの話ではない。大学も同様だと思う。特に国立大学はその地方の知的リーダーである。そのためには地方にいながら、世界に通用するグローバル人材の育成を忘れてはならない。

同じく「山陰中央新報」は、島根大学が2019年度から「フレックスターム」を導入すると報道した（2018年12月28日、「島大がフレックスターム制」）。これはほかの国立大学にあまり例のない先進的なチャレンジである。

フレックスタイムとは、一般的に総労働時間を変えずに労働者が自由に労働時間を変えることをいう。しかし大学の場合、あくまでタイムでなくターム。つまり「期間」である。

島根大学では夏休みの前に、「フレックスターム」として4週間の「集中期間」を設ける。これにより、学生が自由に活動できる期間が夏休みに加え、10日から2週間ほど長くなる。この期間中、長期のインターンシップ（就業体験）や海外留学、ボランティアにじっくり取り組むことができる、というわけだ。

ただし、いずれの取り組みに関しても、学生の参加は強制ではなく、自主性に任せられているため、活動に個人差が出かねないという懸念も生じる。夏休みの単なる長期化と捉えられ、その分、単なるアルバイトなどに費やされては意味がなくなる。

そこで島根大学は５月頃に学生へのガイダンスを実施。いろいろなプログラムを大学側から提示するようにしている。この「フレックスターム」制度で学生がどれほど成長し、意欲を高めるか、その成果が期待されるところだ。

新潟大学が期待する「自己創造型学修者」とは

受験生は大学に入るとき、自分の学ぶ目的に従って学部学科を選ぶのが一般的なパターンであろう。新潟大学のように理学部・工学部・農学部・人文学部・教育学部・法学部・経済学部・医学部・歯学部といったさまざまな学部を擁する総合大学なら、メニューは豊かだ。

しかし18歳では、まだ自分の将来希望する職業や進路、あるいは学びたい分野が定まらないという者も少なくない。あるいは、逆にいろいろな分野に関心がありすぎて、なかなか１つに絞れないというケースもあるだろう。

そんなタイプの受験生が進学するのに最適なのが、新潟大学の創生学部である。この学部は、従来のような、既成の学問分野を基礎から高度専門的な科目まで体系的に学び、研究するというところではない。この学部では、自らのキャリア形成をイメージして、主体的に学び探究課題を設定し、その課題を解決していく「リテラシー学修」が行われる。

「リテラシー学修」とは、複眼的に物事を見る力、異なる状況や環境に適応する力、ほかの人と協働してプロジェクトをコーディネートする力を総合するもの。このリテラシーは、学生が社会に出た後に向き合う職業社会では、最も重要な能力といえるだろう。

たとえば、「大学を出たら日本海の豊かな海洋資源を利用して、地域振興を進める総合的プランナーになりたい」という夢を、この創生学部に入学してから具体的に決めたとする。その夢に向けて、それをどのように実現していくか。

一般的には、公務員がその課題を解決するキャリアとして最短距離だと考えるかもしれない。特に地方自治体の行政職や経済職が該当するだろう。

確かに公務員に合格後、大学時代に地元の海洋資源や自然環境、産業に関する専門的知識を得ていることが評価されれば、課題に関係の深い職務に就く可能性は高い。地域振興には広い視野が必要だし、それには地方自治体の専門家になることが近道で、実現可能性も高い。

そうたどっていくと、公務員の試験科目である法学や経済学を学んでおけば、夢に近付く可能性が高くなると考えそうだ。だが、それだけでは、自分の構想の実現に結びつくとは限らない。たとえ公務員になっても、ほかの職種になる可能性は高いからだ。

そのような学生こそ、この創生学部が目指す「自己創造型学修者」になることがふさわしい。創生学部では、学部が用意した22の専門性に対応した「領域学修」科目のパッケージの中から、自分の専門を一つ選んで、その中の科目をオーダーメイドで履修をすることができる。そのため、自分の構想に合った専門性を身につけることができ、さらに自由科目として他領域の科目の履修もできる。法学や経済学を軸として学修する場合でも、自然環境科学や生物資源科学・流域環境学の分野の科目などを学ぶことができる。それがつまり、新潟大学がいう「自己創造型学修者」である。

創生学部では、グローバル化やAI時代に対応できる知性を身につけるために、語学やデータサイエンスの基本知識と実践的スキルを修得するカリキュラムもとられている。

新潟大学では全学部のほとんどの科目を受講できる

なお新潟大学でオーダーメイドの科目履修が可能になったのは2005年、従来の教養と専門科目区分を撤廃したときにさかのぼる。この時点ですべての学生が所属学部によらず、原則、新潟大学全学部のほとんどの科目を受講できるようになった。これは当時の国立大学としてはかなり珍しい試みだった。

ただ新潟大学では、全学で学士課程向けに開設されている科目がおおよそ5000もある。それをそのまま学生に提示しても、内容を十分に理解して活用することは困難であることから、学生がその授業科目がどのようなものかを判断する手がかりとして、各授業科目に、どのような学問領域の授業科目かを示す「分野コード」と、その学習上の段階を示す「水準コード」（高校のリメディアル、つまり復習レベル、基礎的水準、専門の中核的水準、大学院につながる発展的内容といった目安）を付した。この分野での水準表示は、他大学からも高く評価されている。

学生は、所属する学部が定める履修指針に従って授業科目を履修することになるが、それに加えて、各人の志向に応じてさまざまな授業科目を履修できる。たとえば、「新潟福祉学」「日本酒学」のようなユニークな科目を発見し、履修できるのである。

また「副専攻」制度も用意されている。これにより、学生は自分の所属学部につながる主専攻とは別に、ある程度まとまった学修を実現できるようになった。

全学の授業科目を活用して編成された「副専攻プログラム」を履修することにより、主専攻にかかる学士の修了証書に加えて「副専攻認定証書」を授与される。副専攻を履修することにより、文理融合型の学びも可能になる。

たとえば農学部で「植物生産プログラム」を主専攻にする学生が、副専攻では「会計学」を学び、農業ビジネスで起業するとか、経営学主専攻の学生が、韓国語や中国語を深く学び、卒業後には東アジアの交易ビジネスを手がけていく、とかいう具合だ。

学生の学習成果を可視化するために、到達度が逐一チャートで示される「NBAS（新潟大学学士力アセスメントシステム）」も構築した。学生は、その到達度を踏まえて、その時点での自らの学習成果を確認し、教員のアドバイスも勘案しながら、次の学習計画を立案できる。このような自己チェックシステムが、大学における自学自習のインセンティブにつながることを期待しているのだ。

そしてこのような複眼思考重視の大学教育が、新潟大学創生学部の誕生に結びついたのである。

国立大初の「国際教養学部」を創設した千葉大学

２０１６年、千葉大学は国際教養学部を開設した。すでに公立の国際教養大学、私立の早稲田大学に同学部は開設されていたが、国立大学として初めての取り組みということで注目された。なお、単純に先の大学で人気学部になっていたから開設した、ということでなく、２０１４年、文部科学省のスーパーグローバル大学創成支援タイプB（グローバル化牽引型）に千葉大学が採択された際、国際教養学部の創設をすでに謳っていたようだ。

現段階では、英語による授業はまだ全体の２～３割であるが、将来は専門科目の水準を高めたうえで、さらに英語化を進めていくという。現在でも英語による議論や発表などは頻繁に行われている。

国公私を問わず、これまでの国際教養教育は文系科目が中心であったが、千葉大学は文理融合を目指している点が新しい。理と工の両学部も文系学部と同じキャンパスにあるし、同大学には医学部や園芸学部もある。文理融合の教育研究には好適な学問環境である。

千葉大学は特に、グローバル社会の中で情報通信技術を駆使できる人材の育成を目指している。２年次から始まる「メジャー科目」には、国際的テーマを扱うグローバルスタディーズ、今の日本の状況や社会的課題を扱う現代日本学のほかに、先端科学・技術・社会、生命・倫理・医療、サイエンスコミュニケーションといった総合科学分野がある。

また、どの大学でも国際教養学部のセールスポイントに挙げられる全員海外留学は、千葉大学でも必修である。ただし、その留学プログラムは、単なる語学研修や海外生活体験ではない。外国での就業体験やボランティア、フィールドワークなど、期間や目的、レベルによって、多彩な内容のプログラムが用意されており、本人の目的意識や語学力に合った選択が可能となっている。

それができるのは、単位互換制度のある協定校が海外に多いからだろう。単位互換ができるため、留年や休学をせずに日本人留学生も中期・長期の海外留学が可能になる。また留学期間も一定の時期に固定していない。留学・フィールドワーク・インターンシップなどの中長期の体験期間は、都合に応じて、１年生から４年生までのどこかに設定できるようになっている。

春入学を基本としての４学期制、あるいは２学期制が多い日本の大学と、秋入学を基本とする外国の大学とは、修学学期でずれが生じることが多い。いわゆる「ギャップターム（秋入学の大学と春入学の大学との間で生じる半年の空白期間）」だ。その解消を図るべく、千葉大学の全学部では、ユニークな６ターム制を採用している。

おおむね2か月を一単位とし、具体的には第1ターム(4・5月)、第2ターム(6・7月)、第3ターム(8・9月)、第4ターム(10・11月)、第5ターム(12・1月)、第6ターム(2・3月)となる。

たとえば、それまで日本の大学では「休業」とされてきた8・9月、2・3月についてもタームとして扱うことで、その時期に行われることが多い集中講義や留学生受け入れプログラムなども組み込みやすくした。また国際教養学部では、2年次の第2ターム(6・7月)に必修科目を設定しないことで、もともと必修のない第3ターム(8・9月)を含めた4か月間を丸々海外体験などに充てやすくしている。これらの工夫により、4学期制の理念を保ちつつ、国内外の他大学との今後の授業科目も連結しやすくしたのである。

また現在、少子化が進んでいるのに、私立大学で小学校教員養成課程の新設が続いている。一方、国立大学の教員養成系学部は「ゼロ免(教員免許を義務づけない)」課程の廃止に続き、入学定員を減らす傾向がある。

もちろん、千葉大学のある首都圏でも将来は子どもの数の減少は避けられない。そのため千葉大学も教育学部の入学定員を減らしている。ただし、単なる縮小ではなく、教員の能力の多様化を図り、またグローバル化に対応した新しい教育学部への転生を図っているのが興味深い。

たとえば、小学校・中学校という校種によらず、専門性と実技力が求められる音楽、図画工作・美術、保健体育、家庭科教育に関する小中専門教科コースでは、小学校教諭・中学校教諭両方の免許を取得できるようになっている。

また小学校英語の必修化で、語学の指導力向上や国際理解教育などの必要性が高まっているため、例外的に定員を拡大した英語教育コースでも、小学校教諭・中学校教諭両方の免許を取得できるようになっている。さらに中学校コース（国語、社会、数学、理科、技術）では所属分野の教科に加えて、中学校他教科あるいは特別支援学校教諭二種を第二免許として取得できる。これは複数免許制である。

子どもが増えている時代には、それぞれの担当教科の専門性を重視してきたが、これからは子どもを十分に理解し、チームとしての学校、いわゆる「チーム学校」に貢献し、さらにマルチの専門教科とレベルに応じた指導法を併せ持つ教員が要請されるようになった。そのため、必修として学校インターンシップ基礎実習を、選択としてセレクト実習や教育ボランティア研修を用意するなど、実習制度も充実させている。

首都圏にある以上、国立大学だけでなく、多くの有名私立大学とも渡り合わなければならない千葉大学。時代を先取りして、それでいて勝ち抜こうとするチャレンジ精神こそが、その校風だといえるかもしれない。

目指すべきは総合百貨店より高度な専門店

以上、目立った地方国立大学の新学部や研究、教育課程改組の動きをいくつか見てきた。すでに地方国立大学は、それぞれのミッションに従い、懸命に取り組んでいることがよく分かる。特に地域貢献を前面に出した新しい学部やカリキュラムの創設などは、正にその先の地方、そして日本の復活へ直結すると私は考えている。

しかし第2章でも触れたが、大学の予算を担当する財務当局はそれらを正当に評価できているのだろうか、もしくは、昔と変わらぬ伝統的な大学観にとらわれてはいないだろうか、という懸念はやはり残る。

日本の国立大学の教育や研究や現状についてよく言われる形容句は「タテ割り」「タコツボ状態」「相互不干渉」だ。つまり、大学の研究組織が縦割りで深く掘り下げた結果、相互に不干渉となってしまった状態を指している。これは日本の官僚組織や大企業にも当てはまるだろう。特に学問の専門化が進んで高度化、細分化されたことで、大学でのこの傾向はさらに深刻になっているといわれる。

　だが限られた人員や財源の中では、学内でも戦略的に重点配分する必要が出てきたのは事実であり、運営費交付金が減らされている国立大学ではなおさらである。タコツボ組織は居心地がいいのかもしれないが、今やそれが許されるほど甘い社会状況ではない。

　大学教員も教務に駆り出される一方、学生教育も大教室での授業から少人数のアクティブラーニングにシフトし、その準備や評価にこれまでの数倍の時間が要されている。そのため大学教員の研究時間は減少し、それが研究力の低下につながっている。

　ではそのような現状を踏まえ、改善するための大学財政政策が、実際に進められているのだろうか。

　２０１６年２月29日付読売新聞の記事「異見交論26『今のままの大学では生き残れない』」によると、当時金融庁参事官の神田眞人氏（現・財務省主計局の大学担当次長）は、「（大学の）改革を推し進めるためにも、『評価』が必要です」という記者の発言に対して、次のように答えている。

「ここが難しいところです。国が評価するより、学界、アカデミックコミュニティーが自浄作用として厳しいピアレビュー（学者同士での評価）をしてほしいのです。学者が学者に対して、大学が大学に対して、『おまえたちはそんなことではだめだ』と言うような。ところが、それができない。先ほどの『タテ割り』で隣に駄目だという能力も志もない。学問の細分化でもっと酷くなっています」

この発言の中で重要なのは「できない」という事実認識にある。私の実感だが今日、学者や研究者が大学内で、あるいは大学間で、相互を評価・批判するようなシステムも作られつつあるのではないだろうか。「おまえたちはそんなことではだめだ」という決めつけでなく、その教育研究活動を正当に評価し、批判すべきは批判するというシステムの構築は、十分に可能と思える。

大学学内では法人化で学長権限が増え、大学のガバナンスが進んだと言っても、競争的資金の獲得にハッパを掛けるだけになってしまっては意味がない。大学内で研究者同士、あるいは大学間で相互に評価する流れが生まれれば、大学同士で争わせて第三者が短時間で査定する「競争と集中」政策よりも、大学間連携による大学全体の教育、研究力の向上が果たされる可能性も高まるはずである。

そう考えると、百貨店のようになった東大モデル志向の総合大学より、専門店のように魅力ある得意分野を持つ地方国立大学の間でこそ、大学や研究者の連携によるメリットは大きい。そして国の大学政策は競争より連携による共創こそを目指すべきであろう。

目先の利害に追われる「ビジネスランド」で終わってはいけない

１９８０年代、急激に大衆化が進んださまを見て、一部の識者が大学を「レジャーランド」と呼んでいた。しかし最近になって、矢野眞和東京工業大学名誉教授が、大学を「ビジネスランド」と呼んで注目を集めた。

別に批判的な意味合いはないようだが、近年になって大学がビジネスで役に立つ教育・研究へ、就職あっせん所ともいえるあり方へとシフトし始めた現状を的確に評している。

ＩＴ業界はもちろん、金融や不動産業界など幅広い業種で、ＡＩに詳しい人材の求人が増え、大学から企業へ研究者が転出するケースが多くなっているという。政府もこうしたＡＩ人材を年に25万人養成する計画を発表。全大学生に初級のＡＩ教育を実施し、ＡＩと専門分野の両方を学ぶ、いわゆる「ダブルメジャー」コースを拡大しようと動いている。社会人を対象にした「リカレント教育」でも、ＡＩ教育をサポートする。また「日本経済新聞電子版」（２０１９年４月18日付）によれば、国立大学運営費交付金をＡＩ教育を重視している大学に重点配分することも決めている。このＡＩにまつわる人材育成方針だけを見ても、大学の「ビジネスランド」色が極まった傾向はよく分かる。

この傾向の起点は、第1章に詳しく記した、平成30年間の大学の歴史における「大学教育の大綱化」にあるといっていいだろう。実際これを機に、教養課程が実質的に廃止されることになり、大学におけるリベラルアーツの教育力が減退した。

一方で最近になって、経済界が「真のグローバル人材にはリベラルアーツが必要」と言い始めた。しかし一部の大学がそれを受け止めても、ビジネスランド化がすでに始まっているほとんどの大学には届きそうにない。

もちろん、レジャーランドは論外だ。しかし完全にビジネスランド化してしまえば、産業界の要請に応える短期的利益を優先することとなり、息の長い基礎研究はおろそかになってしまう。リベラルアーツの教育研究は、国が進める競争的資金の対象にもなじまないので、後回しにされやすい。ただ、企業の論理が前面に出やすいビジネスランド路線を長い目で見ると、大学の教育研究の発展や各地域の振興につながるものではない。3～5年といった時間限定で行う競争的資金のプロジェクトでは、リベラルアーツはもちろん、長期的な取り組みが必要な基礎研究や地域活性化に寄与する教育研究活動まで資金が回らないからだ。

大学は高等教育機関であって、利益追求を一義とする企業とは違う。とはいえ、いつまでも「真理探究の府」などと自己満足しているだけでは社会から孤立するだけだ。だからこそ、大学など高等教育機関は自らの社会的存在意義を客観的に分析し、それを広く社会に訴えるとともに、その使命を実現していかねばならないと私は思う。

そういった意味で、日本で初めて1972年に大学教育研究センター（現在の高等教育研究開発センター）を作り、高等教育機関のあり方と開発を追究してきた広島大学の役割に注目したい。1990年代になって、高等教育に関する研究機関が他大学でも設立されるようになったが、単なる大学運営のスペシャリストを育成しようという発想のケースが少なくない。その点、広島大学の高等教育研究開発センターには、大学のあり方を学問的に追究してきた実績がある。2018年には社会工学の専門家である小林信一氏をセンター長に迎え、より現実に即した高等教育研究に取り組んでいる。

だからこそ学外からの評価も高く、その大学院の修士課程修了者の大学などへの就職率も高い。逆にいえば、それだけ各大学の改革が急務なのであろう。もちろん長年の高等教育に関する研究成果は、広島大学全体の教育研究活動にも具体的に結実している。

次章から、地方国立大学の〝雄〟といえる広島大学をモデルケースとし、その取り組みと具体的な成果を見ていきたい。

第4章
広島大学の挑戦
「地方」から「世界」の大学になるために

持続可能な開発目標（SDGs）と広島大学

広島大学は越智光夫学長の下、2017年に新長期ビジョンを策定。新しい平和科学の理念として「『持続可能な発展を導く科学』を掲げた。詳しくいえば「『持続可能な発展を導く科学』を実践する世界的な教育研究拠点の構築」が全体のコンセプトである。ここでいう持続可能な発展とは、国連の掲げる「持続可能な開発目標（SDGs）」とほぼ同じ内容といってよい。

SDGsには以下の目標がある。

①貧困をなくそう。②飢餓をゼロに。③すべての人に健康と福祉を。④質の高い教育をみんなに。⑤ジェンダー平等を実現しよう。⑥安全な水とトイレを世界中に。⑦エネルギーをみんなにそしてクリーンに。⑧働きがいも経済成長も。⑨産業と技術革新の基盤をつくろう。⑩人や国の不平等をなくそう。⑪住み続けられるまちづくりを。⑫つくる責任つかう責任。⑬気候変動に具体的な対策を。⑭海の豊かさを守ろう。⑮陸の豊かさも守ろう。⑯平和と公正をすべての人に。⑰パートナーシップで目標を達成しよう。

これら17にわたる大きい目標と、さらに具体的な小項目として169の実践目標があるが、誰でも賛同しやすい内容だということが分かる。

２０１９年4月17日の朝日新聞「時事小言」という連載コラム記事で、東京大学教授の藤原帰一氏が、「ＳＤＧｓ、高まる関心　『国境越える』可能かも」というタイトルで、当初この「活動目標に世論の関心が集まるとは、私には考えられなかった。不明を恥じるほかない」としたうえで、課題の緊急性や世界全体で目標が共有されたことに触れていた。

あらためてＳＤＧｓの目標を見ると、広島大学が「持続可能な発展を導く科学」を高らかに謳《うた》い上げるのが分かる気がする。それは同大学の得意分野がＳＤＧｓの目標とかなり重なっているからだ。

その典型例が目標⑯である。「平和と公正をすべての人に」という目標は、広島大学が設定した「4つのアクション」にある、「学問領域を超えた平和科学（Peace across disciplines）の構築」そのものである。また目標④の「質の高い教育をみんなに」という目標も、独自の到達目標型教育プログラム「Ｈｉ-ＰＲＯＳＰＥＣＴＳ®」を開発し、学生の一人ひとりに応じた、よりきめ細かい学習サポートを実現している広島大学が貢献しやすい分野だろう。目標⑭の「海の豊かさを守ろう」、目標⑮の「陸の豊かさも守ろう」については、広島大学の生物生産学部が寄与する教育研究も少なくない。

まさに広島大学は、ＳＤＧｓの目標を大学の立場で果たす、という使命を与えられていると言ってもよいだろう。その使命感は２０１８年に新設された総合科学部国際共創学科と情報科学部の根底にも流れている。

国際共創学科という新しい挑戦

広島大学総合科学部国際共創学科は、九州大学共創学部と同年にスタートしていることもあって、似たような内容では、と考えられるかもしれない。しかし私からすると、授業の使用言語が英語、外国人留学生の比率が高い、専門性を重視したリベラルアーツという3点から、むしろ早稲田大学の国際教養学部のほうが近しいと思う。

すべての授業が英語で行われる仕組みは国際教養大学などですでに実施されている。国際教養大学はほとんどが日本人学生なので、1年次に語学を徹底的に叩き込まれることになる。国際共創学科の日本人学生にも英語の授業が用意されているのはもちろん、留学生の比率が高く、授業外でも英語がコミュニケーション手段となるため、日本人学生は日常的なやり取りを通して、さらに英語力を向上させることができる。なお２０１８年の同学科入学者44人のうち、15人が外国籍の学生で、実に全体の3分の1を占める。

また、留学生と日本人学生という枠に当てはまらない、海外で育った日本人、国内の高校を出た外国籍の学生など、現在の国際社会を反映するような学生が集まっているのも特徴だ。まさに多文化の中で英語を共通言語として使うだけに、日本人学生にとっては理想的な環境といえる。

つまり国際共創学科は、英語「を」学ぶのではなく、英語「で」学ぶところであって、入学時にそれ相応の英語力を身につけていることが前提となる。英語で行われる授業は日本人学生がそれまで経験してきた日本的な教室文化と大きく異なり、積極的な発言を求められる。しかもそれを英語で行う。いかに高い英語力を有していても、人前で自分の意見を英語で発言することに慣れていないと、最初は四苦八苦するだろう。

図表18にまとめたが、アカデミックライティングやディベート論などのアカデミックな英語力を身につけるために役立つ科目も用意されている。つまり、教室の中と外で、知的探求心を追求していくために必要な英語力が磨かれていくのである。

英語でグローバルに学ぶ

加えていえば、文理融合を理念とし、すでにリベラルアーツが培われた総合科学部内にあ

●図表18　国際共創学科の授業科目例

総合科学部共通科目

人間科学分野

▪世界の英語	▪社会心理学
▪日本の美学と芸術	▪日本の仏教
▪ニュー・メディアとアート	▪南アジアのヒンドゥー教と仏教
▪認知心理学	▪日本のマイノリティ

社会科学分野

▪世界文学への誘い	▪瀬戸内の地域地理学
▪国際社会学	▪人類学知
▪観光論	▪科学史の諸問題
▪歴史と歴史学	

自然科学分野

▪地球環境化学	▪気候変動
▪自然誌と自然科学	▪ライフサイエンスの世界
▪環境とエコロジー	▪物質科学の最前線
▪流域環境学	

国際共創コア科目

▪社会統計・データ分析	▪アカデミックプレゼンテーション論・同演習
▪アカデミックライティング	▪ディベート論
▪異文化交渉学	▪英語特別演習
▪社会と科学からみた地球環境問題	
▪平和共生論	

国際共創科目

文化と観光の視点

▪国際観光論	▪現代日本文化論
▪日本の観光	▪知識人類学
▪日本宗教文化	▪移住の人類学
▪哲学の諸問題	▪グローバリゼーション人類学
▪コンテンツツーリズム演習	

平和とコミュニケーションの視点

▪日本文化と平和	▪平和と紛争研究
▪文化心理学	▪言語と思考
▪中東政治とイスラーム	▪外国語習得とコミュニケーション
▪戦争と平和の応用倫理学	

環境と社会の視点

▪環境経済と政策	▪日本企業・社会企業研究
▪日本社会とジェンダー	▪自然災害と社会
▪物理学の原理と基礎	▪IGS 自然科学実験法・同実験
▪環境物理化学	▪実験環境経済学

出典：広島大学のホームページより筆者作成。2019年６月現在

ることも国際共創学科の強みだ。第1章でも触れたが、1991年の大学設置基準の大綱化により、旧制高校からの伝統を受け継いだ国立大学の教養部はほとんど解体された。しかし広島大学は、それより16年も前の1975年に教養部を廃止。総合科学部へと生まれ変わらせて、文理融合の先駆けとなっていた。

そうした挑戦をいとわない学風は、世界最初の被爆地ヒロシマの大学として、独自の教養教育科目である平和科目を全学部生の必修とした流れなどとも根底でつながっている。また、平和に対する試みとして、2018年度からスタートしたのが「ピース・レクチャー・マラソン」だ。広島がその苦難の歴史を忘れず、平和の大切さを語り継いでいくため、各国政府代表者や駐日大使が平和をテーマに行う講演である。2018年秋にはリトアニアの首相らが大学を訪れ、学生のほか大勢の市民も耳を傾けた。

図表18に国際共創学科の授業科目をまとめたが、文理融合の理念のもと、総合科学部共通科目では文系と理系がバランスよく提供されていることが分かる。これらの科目は日本語と英語で行われるため、国際共創学科の留学生も日本人学生同様に文理の知見を深めることができる。また留学生は日本語で開講される科目に、総合科学科の学生は英語で開講される科目にそれぞれ挑戦するという、両学科の橋渡しとなる科目でもある。一方、国際共創コア科

目と国際共創科目は基本的に英語で行われる。

2年次後期に日本人学生は約半年間の海外留学をする。といっても、半年卒業が延びることなく、4年間で卒業する。また、原則として国際交流協定を結んでいる大学への留学なので、広島大学での単位取得と同様の扱いとなる。広島大学は、他大学と比べ海外の大学との連携協定数が多く充実しているので選択肢が多いのも魅力だ。

学ぶ分野としては「文化と観光」「平和とコミュニケーション」「環境と社会」という3つの視点を挙げている。

「文化と観光」という視点を考えると、観光は文化間理解に貢献し、地域の自然や文化を守る手段である半面、同時に環境破壊などをもたらしたり、宗教や祭りなどを単なる見世物にしたりする危険性もあるかもしれない。この課題へ多角的に取り組む。「平和とコミュニケーション」という視点では、広島大学が長年続けてきた平和科学の蓄積が役に立つ。ここでは、国際的な対立の背景や原因を探り、平和共生の社会実現に向けた学問的方法を学びつつ、その実践に必要なコミュニケーションについて理解を図る。言語や文化を異にする人々と円滑にやり取りをするためには、学問としてコミュニケーションのメカニズムや理論を学ぶ必要があるからだ。最後に「環境と社会」という視点では、枯渇する資源やエネルギーの有効利用のために、文理を包含した立場から社会と環境のつながりを理解し、問題解決のための方策を考える。

すなわち国際共創学科とは、グローバルな視点に基づいて、対立の背景や原因を探り、他文化・他言語との相違を認識して理解し合うという「平和共生」を実現し、そこから持続可能な発展を遂げることを最終的な目標として掲げている学科なのである。

文理融合の情報科学部

近年、国公立大学での新分野の学部として、滋賀大学や横浜市立大学のデータサイエンス学部が注目されている。ただ、データを扱う学部である以上、もちろん数学や基礎的な情報科学の知識が不可欠なのに両大学とも工学部がない。ここからデータサイエンス学部が、従来の情報工学的なイメージではなく、むしろ文理融合分野であることが想像できる。

広島大学情報科学部も、2019年度前期入試の結果を見れば、入試に英語を含む文系科目の配点の高いA型、数学などの配点の高いB型のうち、A型選択の入学者が4割強を占めている。

入試科目で数学が必須かどうかが、理系と文系の分かれ目になる傾向の強い私立大学だと、現状では数学なしでも受験できるようなデータサイエンス系の学部は創設しにくいだろう。もちろん滋賀大学や横浜市立大学のデータサイエンス学部も、センター試験での数学受験が必須となっている。

広島大学の情報科学部でも、数学関連の科目は少なくない。教養教育科目の基盤科目として線形代数、微分積分、統計があり、専門教育科目のコア科目としても推測統計学、ディジタル回路設計、プログラミング言語などが共通である。2年次までは共通のカリキュラムで学び、希望や成績を勘案して3年次から「データサイエンスコース」と「インフォマティクスコース」へ分かれることになる。

「データサイエンスコース」はデータを的確に理解し、有効に活用できるスペシャリストの養成を目指したもの。「インフォマティクスコース」は豊富な技術に基づき、最適なソリューションを提供できる情報処理のスペシャリストを育てるものとなる。いずれも情報科学の基盤として不可欠であるが、その両コースを設けているのが、他大学にない特徴といえる。

特に同学部のデータサイエンスコースでは行動計量学、時系列分析、生物統計、医療統計などを学ぶことになり、SDGsに関係の深い知識やスキルも多い。いずれも文理融合の専門分野であり、その専門知識は将来の進路のプラスになる。これからの時代、引く手あまたとなるＡＩを担う人材になるには、この情報科学部で学ぶことが近道になりそうだ。

なぜ「世界トップ100大学」を目指すのか

広島大学は、２０２３年度までに「世界トップ１００大学」入りを目指す研究大学強化促進事業とスーパーグローバル大学創成支援事業タイプＡ（トップ型）にそろって選定されている。さらに２０１８年には世界最高水準の博士人材を育成する卓越大学院プログラムにも採択された（図表19）。

そこで目標を達成するまでのルートを明確にするため、２０１４年に独自の目標達成型重要業績指標を設定した。それが「ＡＫＰＩ®（Achievement-motivated Key Performance Indicator）」である。企業では目標達成の度合いを数値化した指標として「ＫＰＩ（Key Performance Indicator）」が用いられている。広島大学では独自に10年後に「世界トップ１００」の大学として備えているべきものに数値を設定。目標達成に近付くアクションをポイント化したのである。

ＡＫＰＩ®の狙いは「世界トップ１００大学」になるまでの達成度のモニタリングに加え、各教員の教育や研究活動の数値化をすることにある。これは総合大学という大きな仕組みの

●図表19　広島大学が選出された主な事業

「スーパーグローバル大学創成支援事業」タイプA（トップ型）に選ばれた大学	
国立（11校）	北海道大学、東北大学、筑波大学、東京大学、東京医科歯科大学、東京工業大学、名古屋大学、京都大学、大阪大学、**広島大学**、九州大学
私立（2校）	慶應義塾大学、早稲田大学

「研究大学強化促進事業」に選ばれた大学・機関	
国立（17校）	北海道大学、東北大学、筑波大学、東京大学、東京医科歯科大学、東京工業大学、電気通信大学、名古屋大学、豊橋技術科学大学、京都大学、大阪大学、奈良先端科学技術大学院大学、神戸大学、岡山大学、**広島大学**、九州大学、熊本大学
私立（2校）	慶應義塾大学、早稲田大学
大学共同利用機関法人（3機関）	自然科学研究機構、高エネルギー加速器研究機構、情報・システム研究機構

注：研究大学強化促進事業は、世界水準の優れた研究活動を行う大学群を増強し、わが国全体の研究力の強化を図るための、大学などによる、研究マネジメント人材群の確保や集中的な研究環境改革などの研究力強化の取り組みで、大学の研究活動の状況を測る指標を用いて、一定数をヒアリング対象として選定し、それらが取り組む「研究力強化実現構想」について審査して決定された。スーパーグローバル大学と同じく「世界トップ100に入る」ことを目標の一つにしている

「平成30年度卓越大学院プログラム」に採択された大学	
国立（12校）	北海道大学、東北大学、筑波大学、東京大学、東京農工大学、東京工業大学、長岡技術科学大学、名古屋大学、京都大学、大阪大学、**広島大学**、長崎大学
私立（1校）	早稲田大学

注：卓越大学院プログラムは、各大学が自身の強みを核に、国内外の大学・研究機関・民間企業と連携して、世界最高水準の教育力・研究力を結集した「5年一貫」の博士課程プログラムである

出典：文部科学省の公表データより筆者作成

中で、さまざまな分野の教員を適切に配置するための尺度でもある。単にランク入りを目指すだけでなく、この機会に教員の力を存分に発揮できるような組織の再編成を行うことを意図しているのである。

図表20と21は、その目標数値の意味を詳説し、ＡＫＰＩ®における進行状態を図表化したものである。

「外国語による授業担当」「ＳＣＩ論文数」「外部資金受入」「留学生受入」「国際共著論文数」「研究者の海外からの招聘」「海外への派遣」「博士人材の養成」などは、世界大学ランキングのランクアップとも直結する。

図表20から目標達成度を見てみよう。２０２３年、確実に達成できそうな目標がａの授業担当だろうか。大学教育に実績のある広島大学が自信のある分野だ。ｅの国際性も順調に伸ばしている。

現段階で目標達成に向け、一層の努力を求められそうなのが、ｂの博士人材の養成、ｃのＳＣＩ論文数、ｄの外部資金受入といった項目だ。それぞれに特に努力が必要とされる事情がある。ただその事情は広島大学だけでなく、ほかの地方国立大学にも共通する問題だ。

たとえば博士人材についていえば、日本は近年、主要国の中で唯一、博士号取得者が減少

●図表20　AKPI®の経年変化

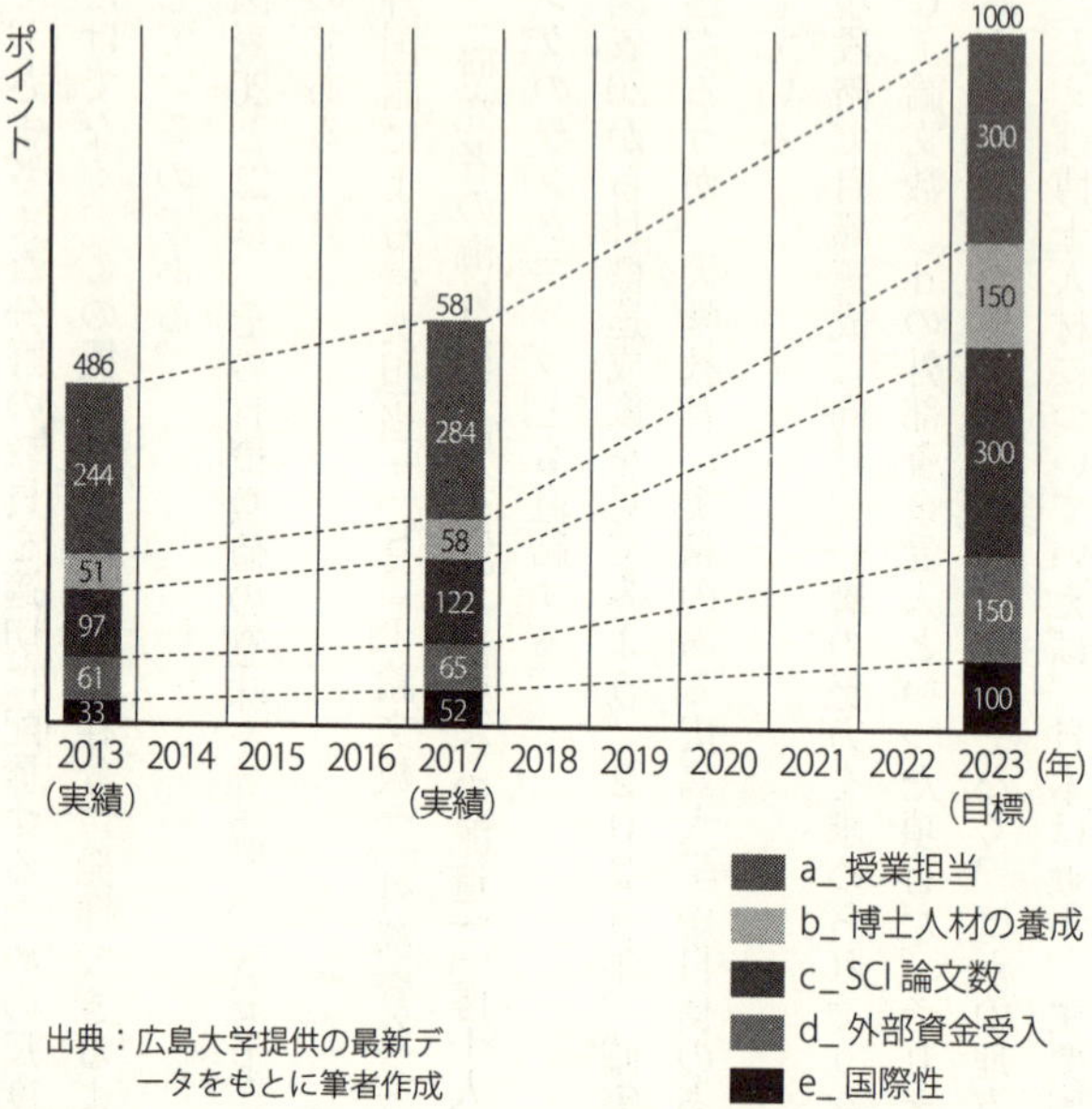

出典：広島大学提供の最新データをもとに筆者作成

しているという現実がある。文部科学省が２００８年までに行った大学院重点化により、主要国立大学の大学院の定員枠は急激に広がった。詳細は第３章で述べたが、旧帝大系の場合、大学院の入学定員のほうが学部入学定員より今や多いほどである。

問題は博士課程修了後の進路だ。少子化で大学志願者が減少する中、任期のない大学正規教員を採用する大学は減っているうえ、企業などが持つ研究所への採用がまず期待できない文系、特に人文系の博士は深刻だ。博

●図表21　AKPI® 重要業績指標の目標値（教員１人当たり）

a_ 授業担当	授業担当学部入試問題作成等、外国語による授業担当 ➡300points（2023年度目標）
b_ 博士人材の養成	M1 入学生、D1 入学生、D 学位授与件数 ➡150points（2023年度目標）
c_SCI 論文数	引用文献データベース Web of Science に収録された論文数 ➡300points（2023年度目標）
d_ 外部資金受入	機関補助金、受託研究、寄附金、科研費等 ➡150points（2023年度目標）
e_ 国際性	留学生受入、国際共著論文数、研究者の海外からの招聘、海外への派遣 ➡100points（2023年度目標）

出典：広島大学のホームページより

士課程を終え、ポスドクという非常勤の身分を得て一息つけたとしても、そこから安定した仕事が見つからない。さらに論文については近年財務省から「日本の大学は論文の生産性が低い」と指摘されており、その生産性アップを求められている。

文部科学省は大学等の研究者が研究や教育等にかける時間の利用実態について５年ごとに調査し、「大学等におけるフルタイム換算データに関する調査」として発表している。18年度の結果によれば、大学教員の職務時間に占める研究時間の割合は33％にとどまった。02年度は47％、08年度は39％、13年度は35％だから、減少傾向に歯止めがかかっていないことが分かる。

その調査で「研究成果を挙げる上で強い制約と感じていること」を見れば、「研究時間」76％、

「研究資金」56％、「研究人材」49％、「研究環境」41％の順となり、具体的な「研究時間」の内容としては、学内会議への参加などの大学運営業務に強い負担感を感じている教員が最も多く、続いて、専任教員の不足などによる過重な教育負担が記されていた。この数字からは、少人数のアクティブラーニングなどの導入で教育関係の仕事が増加し、また競争的資金の獲得を意図した書類作成などの事務的な活動によって、論文を書くベースとなる研究時間が削られているという実態がうかがえる。

2019年3月には、京都大学の地震地質学の教授がアメリカの科学誌に掲載した論文の中にデータの改ざんや盗用があったとして撤回、処分されるというニュースがあった。もちろん私の立場では詳しい経緯について分かりかねるが、その原因の一つとして「ともかく論文を書かなくては」という大学教員への強い精神的プレッシャーがあることが予想される。そのような状況下で地方国立大学教員に研究条件の改善のないまま、財務省や文部科学省が「論文の数を増やせ」と生産性向上を要求することには疑問を抱かざるをえない。

外部資金受入については、その大学がある地域の企業集積状況に大きく左右される。広島大学東広島キャンパス近くの広島中央サイエンスパークには、産業技術総合研究所 中国センターや酒類総合研究所をはじめ官民の研究施設がある。これらを核として産業の集積を進めていくために、行政とも協力して、海外から招いた研究者や留学生が居住できる国際交流拠点を整備するという。

集中が進む首都圏やモノづくり地帯の中京地区などは、外部資金受入の機会に恵まれている。しかし、限界集落が点在するような地域の国立大学と企業の連携は、思うように進むとは限らない。一律で条件を考えるのではなく、それぞれの事情をもっと勘案すべきだろう。

とはいえ、掲げた目標は社会との約束でもあるし、着実に推し進めていく必要がある。特に広島大学は、地方から世界を目指す立場だけに、その踏ん張りが期待されるところだ。

ランクアップがゴールではない

第３章冒頭で紹介した「ＴＨＥ 世界大学ランキング 日本版」に比べ、「ＴＨＥ 世界大学ランキング」は、より研究面を重視している。

具体的には、

●教育力（学習環境）30％——評判調査15％、教員数と学生数の比率４・５％、博士号取得者数と学部卒業生数の比率２・25％、博士号取得者数と教員数の比率６％、大学全体の予

算2・25％
●研究力（論文数、収入、評判）30％——評判調査18％、研究費収入6％、研究の生産性6％
●引用数（研究の影響力）30％
●国際性（教職員、学生、研究）7・5％——海外留学生数と国内学生数の比率2・5％、外国籍教職員数と国内教職員数の比率2・5％、国際共同研究2・5％
●産業界からの収入（知識移転）2・5％

である。

例年のTHE世界大学ランキングでは、1位にオックスフォード大学、2位にケンブリッジ大学が定着している。もちろん、いずれも世界に冠たるエリート養成大学ではあるが、やはり英語圏が有利という傾向は否めないだろう。また、個々の大学の努力が実績として評価されてTHEなどの世界指標に反映するまでに、タイムラグがあるともいわれる。そのため、広島大学が世界で通用するようになるためには、今後、そうした点を勘案した正確な英語による情報表記と情報発信力が問われることになる。

一方で、すでに「世界１００大学入り」を果たしている東京大学や京都大学など、日本を代表するこの2大学が、スーパーグローバル大学創成支援事業にまで手を挙げる必要はなかったのではないだろうか。これでは財務省や文部科学省が「選択と集中」という美名のもと、すでに恵まれている大学を選び、そこへさらに資金を集中させる狙いがあるのではないか、などと勘繰られても仕方がないだろう。

もし日本全体、特に地方の活性化を本気で考えているなら、国は大学の世界ランクアップばかりを重視するのではなく、各大学の存在意義をあらためて検討し、資金面も含めたサポートへ注力すべきではなかろうか。いろいろな課題はあるだろうが、あくまでランク入りの先を見据えて前進していくことが重要である。

「キャンパスを世界へ」という戦略

ＡＫＰＩ®の達成度を中心に広島大学の活動を見てきたが、もちろんこれは、高い山頂に到達する途中の道標に過ぎない。そしてその高い山頂の一つは「地方の国立大学から、世界に活躍する人材を育てる」ということである。

私は２０１６年の春、この点について具体的に今後どう進めていくのか、広島大学に取材したことがある。ポイントを絞って、そこでの話をまとめてみよう。

①国際的に通用するレベルまで、その教育研究を高める。

国際大学間コンソーシアム（SERU）に参加し、教育の国際的な質の保証を目指す。なおこのSERUコンソーシアムは、アメリカ・カリフォルニア大学のバークレー校高等教育センターを拠点として、世界的視点に立っての学生調査を進めている。また、補助レベルから教員レベルまでの階層的なTA（ティーチング・アシスタント）制度による密度の濃い学びのサポートを行い、アクティブラーニング、たとえば英語によるPBL（課題解決型授業）や反転授業（全員予習を前提にした授業でさらに深化させるもの）を全学へ導入する。

さらに、海外研究者を含む複数指導教員態勢による論文指導強化を行い、討論の補助レベルから、集団討論や会議などをリードできるハイレベルの教員クラスまで階層的にTAを育て、PBLや反転授業を可能にする。そして研究拠点の共同研究相手との協働教育のために誘致をし、海外の研究者による直接的な論文指導を行う。

またグローバルに活躍したいと考える学生にとって学びの場を提供する。学部生の語学力を見ると、2018年度は1222人がTOEICのスコアで730をクリアした。5年前に比べ５６１人、１年前との比較でも３１８人の大幅増となっている。受検機会を増やしたことに加え、個人ごとに目標を設定していることが語学力アップにつながったようだ。加えて、教育課程の体系化（各科目ナンバリング１００％、シラバス英語化１００％）にも取り組み、留学生にも理解しやすくする。

②国境を越えて教育研究の流動性を強める。

日本人学生が留学をためらう要因である、語学力に自信がない・経済的な負担が重い・就職活動に影響が出るなどの阻害要因を解消する。成長型海外インターンシップなど派遣プログラムの充実、ダブル・ディグリー（所属する大学と海外協定大学の双方に籍を置きながら、両大学の指導教員のもと２つの学位を取得すること）やジョイント・ディグリー（連携する大学間で開設された共同プログラムを修了した際に、複数の大学が共同で単一の学位を授与する制度）の拡充、教員を国際公募１００％にして外国語による科目を増やし、海外拠点の拡充、世界トップクラスの協定校などとの研究強化と国際外部資金の獲得を目指す。

広島大学の場合、大学間交流に基づく交流数増などはスーパーグローバル大学の達成目標であり、順調に進んでいる項目もある。また大学院レベルでは、提携先の海外協定校21大学との間でダブル・ディグリーを行うことも可能だ。なお広島大学の海外拠点は2019年5月現在、19か所となっている。

③留学生を広島大学に招き、キャンパスのグローバル化を進める。

2016年度から始まった取り組みに「森戸国際高等教育学院3+1プログラム」がある。これは、海外の大学で2年次、または3年次までの課程を修了した学生を特別聴講学生として受け入れ、9~12か月をかけて、専門教育機関や派遣元大学に提出するための卒業論文指導などを実施するものだ。プログラム終了後は、外国人研究生を経て、そこから大学院へと進学してもらうことも想定している。中国などから受け入れた留学生は2016年からの1期生26人、2期生90人、3期生146人と年を追って増加。留学中に平和科目や日本語・英語も学べるところは、広島大学ならではのユニークな試みといえる。

先に紹介した国際共創学科が、広島大学のグローバル化を牽引する先導役となることが期待されるのはもちろん、そのほか、母国での留学相談に対応する「国際アンバサダー」の委嘱や留学生と教員のマッチング機能の強化、SATやGREなどを利用したグローバル入試とネット出願、呼び水となるプログラム（サマープログラムやオンライン日本語教育）、英語に

●図表22　よりグローバルになる広島大学

	2013年	2018年	2023年
外国人教員等数（人）	439	693	901
通年留学生数（人）	1678	3016	3600
日本人学生の留学経験者数（人）	392	668	1000
TOEIC730相当以上の学部学生数（人）	661	1222	3382

注：2023年の数値は目標
出典：スーパーグローバル大学創成支援事業フォローアップ調査（2019年度）

よる学位コース、帰国留学生同士の交流を進めるＦａｃｅｂｏｏｋの開設など、非常に多様だ。ちなみにＳＡＴはアメリカの大学進学者、ＧＲＥはアメリカやカナダの大学院進学者に求められる試験である。

なお広島大学は、国立大学では先頭を切って出願方法をインターネット経由とし、ペーパーレス出願に統一している。これも外国人が出願しやすくするという配慮もあってのことだが、出願時のデータをストックしておいて、それをビッグデータとして有効活用することなども考えられる。

いずれにせよこうした取り組みの成果により、図表22に見るように、広島大学はよりグローバルなキャンパスへと変わるだろう。

目指すべきは地方大学ならではのリカレント教育

第１章にも記したが、近年、リカレント教育が大学改革の柱の一つとして期待されるようになった。

その理由として、人口減少によって人手不足が恒常化し、家庭にいる女性や高齢者ほか、あらゆる人々が再チャレンジできる社会の実現が緊急な課題になっていることがある。とはいっても、再チャレンジの先で獲得するのが単なる単純労働では、いずれＡＩなどのテクノロジーに取って代わられる可能性は高い。一方でもし人生経験が豊かで、データサイエンスやＡＩなどに精通する中高年人材が現れれば、そのニーズは高いだろう。そこで知性と経験を十分に活かせる職種に就くことなどを念頭に、大学で先端の学問を学び直す機会を提供するのが不可欠になってきたのである。

もちろん、現役社会人もスキルや知識を新たに得て、自己の能力を高めるために、学び直しの機会を必要としている。リカレント教育はあくまで職業上の知識や能力を高めることが主な目的であり、趣味や教養を深めるという意味での生涯教育とはやや趣旨を異とする。また働きながら大学の夜間部などで学び、大卒の学歴を取得するといった従来の社会人学生ともやや毛色が違う。典型的なのは、すでに大学を卒業したサラリーマンらが、大学院で経営学や会計学、法学などを学び、ＭＢＡ（経営学修士）や公認会計士などの資格取得を目指すケースだろうか。

しかし、そうした社会人が大学で学び直す場合、その費用と授業時間が問題となりがちだ。実際、それほど社会人学生数が増えないのは、概ねその２つがネックになるといわれる。旧帝大７大学と旧官立大９大学の中で、今なお夜間コースが残存しているのは広島大学だけである。それは広島大学が、過去に幅広くさまざまな人材育成を目指してきたという歴史的経緯を持っているからだ。ただ、その広島大学をもってしても、近年の社会人学生は減少傾向にある。

大学入学情報図書館（ＲＥＮＡ）が２０１８年11月〜２０１９年１月に実施したアンケート調査によると、学部・大学院全体の社会人学生数は、広島大学が全国で11位。国立大学では東北大学、九州大学、北海道大学に続き４位であった。

広島大学の学部入試での社会人受け入れ数については、２０１９年度が合格者12人で入学者12人、２０１８年度が合格者16人で入学者14人、２０１７年度が合格者22人で入学者20人、２０１６年度が合格者24人で入学者21人となっていた。広島大学は全国の国立大学に先駆けて、２００１年度から中高年を対象にした「ＡＯ入試フェニックス方式」を導入し、それを通じて平均して毎年10人前後が入学してきた。

ところが現状を見れば、社会人学生の実数さえつかんでいない大学も決して少なくない。

個人情報という視点からの制約もあるのかもしれないが、リカレント教育は産学連携の重要な架け橋になる可能性が大きいことを忘れてはならない。特に地方国立大学にとって、地元と産学連携を果たせるかどうかは、死活問題にもなりうる。だからこそ、社会人学生の意識や生活の実態、さらにリカレント教育を履修する場合の問題点、希望資格と将来の希望などのデータをつかむのは大学側にとっては不可欠となろう。

また、東京圏や大阪圏などの有名私大でMBAや公認会計士などを養成する専門職大学院は、都会タイプのリカレント教育といえそうだが、地方の国立大学ではむしろ、より具体的に地場産業のニーズを踏まえ、そこに貢献できる内容を意図すべきではなかろうか。

広島大学ならば、情報科学部のデータサイエンス分野をリカレント教育へも展開し、来るべきAI時代に即した社会人人材を育成することも考えられるのではないか。都会タイプの教育に期待されるサラリーマンとしての能力開発と一味違う、地域の拠点大学にしかできないリカレント教育への期待が今、大きくなっている。

むしろ「首都圏」の若者を「地方」へ引き寄せる逆流を

第1章でも触れたが、私立大学の定員の抑制策と入学定員厳格化路線により、首都圏の大学への若者流入を食い止めようという文部科学省のもくろみは、今のところ有名私大の合格者の絞り込みが起きたことで併願校が増え、定員割れの首都圏私大が減少する、といった期待はずれな効果しかもたらしていないようだ。

地方から首都圏へ、という若者の一方的な流出を防ぐには、地方に根を下ろした暮らしができる雇用の場の確保とともに、逆に首都圏から若者を惹きつけるくらいの地方独自の魅力とビジョン、そしてブランドが不可欠だ。その意味で、大きな役割を期待されているのが地方国立大学なのである。

広島大学も、中国四国地方でブランド力「トップ」（日経BPコンサルティング調べ。2017－2018年度など）」になっている。この根底には「東の東京教育大（筑波大）、西の広島大」と称されるように、前身校の一つである広島高等師範学校以来の教育学の伝統があり、特に高校教員となるOBやOGを数多く輩出してきたという実績が大きい。

大学主催のイベントへの参加者数からもその一端は分かるかもしれない。たとえば2017年度、広島大学のオープンキャンパスへの参加人数は3万9155人。『大学ランキング2020』（朝日新聞出版）によれば、これは全大学中で10位、国立大学では東北大学に続いて2位である。東日本の東北大学、西日本の広島大学のオープンキャンパスが受験生に高い人気なのは、地方国立大学にとっての明るい材料だ。さらにいえば、オープンキャンパスの開催日時については、国立大学が私立大学に比べて少ない傾向がある。だからこそ、実質的な入学志願者と入学定員との対比を考えれば、私立大学を含めてもトップクラスといえるであろう。

ただし少子化が進み、若者の減少傾向が続く中、過去に築いたブランドだけに安住していては、ここから先細りになるのも否めない。大切なのは、その大学を卒業することで、この先、幸福な人生を送れる可能性をどれだけ高められるかどうかではないだろうか。それこそ、最も受験生や保護者が気にすることだと思う。

２０１９年6月5日付の「日本経済新聞」に、「人事が見る大学イメージランキング」という記事とそのランキング表が載っていた。

図表23のとおり、上位4位までは旧帝大系が占めており、5位に広島大学が来ている。

この総合ランキングには、①行動力、②対人力、③知力・学力、④独創力という4つの評価基準が用いられている。ただその基準をあらためて見ると、③知力・学力はどうしても入試難易ランクの印象に左右されるだろうし、④独創力の根幹にある個性や着眼点などは客観的な評価基準としては不確定な要素が大きい。

その点、②対人力で表されるコミュニケーション能力やストレス耐性、柔軟性や適応力といった評価は、業種や企業の規模に関係なく必要とされるもので、特に近年の就職活動で重要視されている。

実は同年６月６日付の「日本経済新聞」中国版の地方経済面によれば、コミュニケーション能力の評価で「全国トップ」が広島大学だった。そういう意味では、実質的にいずれ企業にとって有力な社員となる学生が育つ学風である、といってもいいだろう。

●図表23　企業の人事担当者から見た大学のイメージ調査総合ランキング

順位	大学名	総合得点
1	九州大学	33.41
2	京都大学	32.78
3	大阪大学	32.16
4	東北大学	32.15
5	広島大学	32.06
6	宇都宮大学	31.88
7	横浜国立大学	31.87
8	筑波大学	31.63
8	東京海洋大学	31.63
10	大阪府立大学	31.51
11	名古屋大学	31.37
12	長岡技術科学大学	31.36
13	神戸大学	31.25
14	北海道大学	31.15
15	日本女子大学	31.14
16	学習院大学	30.93
17	電気通信大学	30.92
18	秋田大学	30.86
19	東京外国語大学	30.76
20	富山大学	30.55

出典：「日本経済新聞」2019年６月５日付朝刊「人事が見る大学イメージランキング」

転職や就職の情報サイトである「Vorkers」が口コミとして50件以上集まった大学の情報を集計し、2018年10月に「本当に良い就職をしている大学」を発表。それによると1位は北海道大学、2位が東京大学、そして3位が広島大学だった。ちなみに4位は一橋大学、5位が上智大学である。また同じく「就職企業の『待遇満足度』が高い大学」は、1位が東京工業大学、2位が広島大学。ちなみに3位は京都大学で、4位が学習院大学、5位は東北大学だった。

こうしたデータからは、広島大学の卒業生が比較的、満足度の高い職業生活を送っていることがうかがえる。ただし実際には、地方大学出身者の就職先にも、東京などに拠点を構える大企業が多いため、「地方大学を出たほうが有利」とか「都心の大学が不利」などと一概にいえないのも事実であるが。

もし広島大学が、以降も中国四国地方の企業への就職実績と、就職後の満足度で高い結果を示せたとすれば、卒業後、その地域で幸福な職業生活を送れることを裏付けることになる。そのときこそ広島大学は、まさに地方国立大学のロールモデルとなるはずだ。

地方の大学がビジネスチャンスを生み出す

地方創生を実現するために、地方都市における満足できる職業生活の場を提供することが大切と分かっていても、現実を見ればなかなか進んでいない。企業側も頑張っているが、グローバル化の荒波の中、なかなか地方企業は競争力を維持できていないからだ。そこで期待されているのが大学が持ちうる、ビジネスチャンスを生み出す力だ。

国際レベルの研究力を高めたければ、お金と人材の獲得に力を集中すればよい。しかし、それで世界最高水準の研究を実現できても、その成果を一般社会まで波及させなければ、本当に価値があるとまではいえない。なおかつ地場の産業や企業に資することができれば、それが地方創生への近道となる。その使命感を十分に自覚することが、今大学に必要とされているのだ。

たとえば遺伝子を改変するゲノム編集技術。この技術は世界各国がしのぎを削る分野の一つで、医療分野や農水畜産物の品種改良、バイオ燃料の開発など幅広い業種への応用が期待されている。ＳＤＧｓを長期ビジョンに掲げる広島大学はそのゲノム研究をリードしている存在になっている。

２０１６年、広島大学は「『ゲノム編集』産学共創コンソーシアム」を開催。マツダや中国電力といった地元の企業をはじめ、全国から23社が参加した。さらに２０１８年、広島大学の「ゲノム編集先端人材育成プログラム」が文部科学省の「卓越大学院プログラム」の13大学の一つとして採択された。こうした実績のもと、研究開発、産業利用、人材育成という三位一体でゲノム編集に取り組む体制を整えてきた。

また広島大学は、ゲノム分野以外でも企業との連動を強めている。たとえばマツダとは2013年から「精神的価値が成長する感性イノベーション拠点」をスタート。これは「革新的イノベーション創出プログラム（COI STREAM）」の一つだが、最先端の脳科学や光技術、情報通信技術を駆使し、感性の可視化と社会への実装にチャレンジする、かなり先進的な試みだ。すでに大学、研究機関、多業種の企業など総勢20を超える機関が参画している。

図表24に広島大学発のベンチャー設立件数の推移を整理したが、2000年の2件から2017年には累計60件まで増加していた。このまま順調に数を増やしていければ、自然と中国四国地方の企業や経済の活性化に寄与する機会が増えていくはずだ。

また図表25のように特許の取得にも積極的だ。2001年では出願件数が年間36件、取得件数10件だったが、2018年にはそれぞれ194件、101件と出願件数・取得件数ともほぼ順調に推移しており、これも大いにビジネスチャンスとなるだろう。

●図表24　広島大学発ベンチャー設立件数

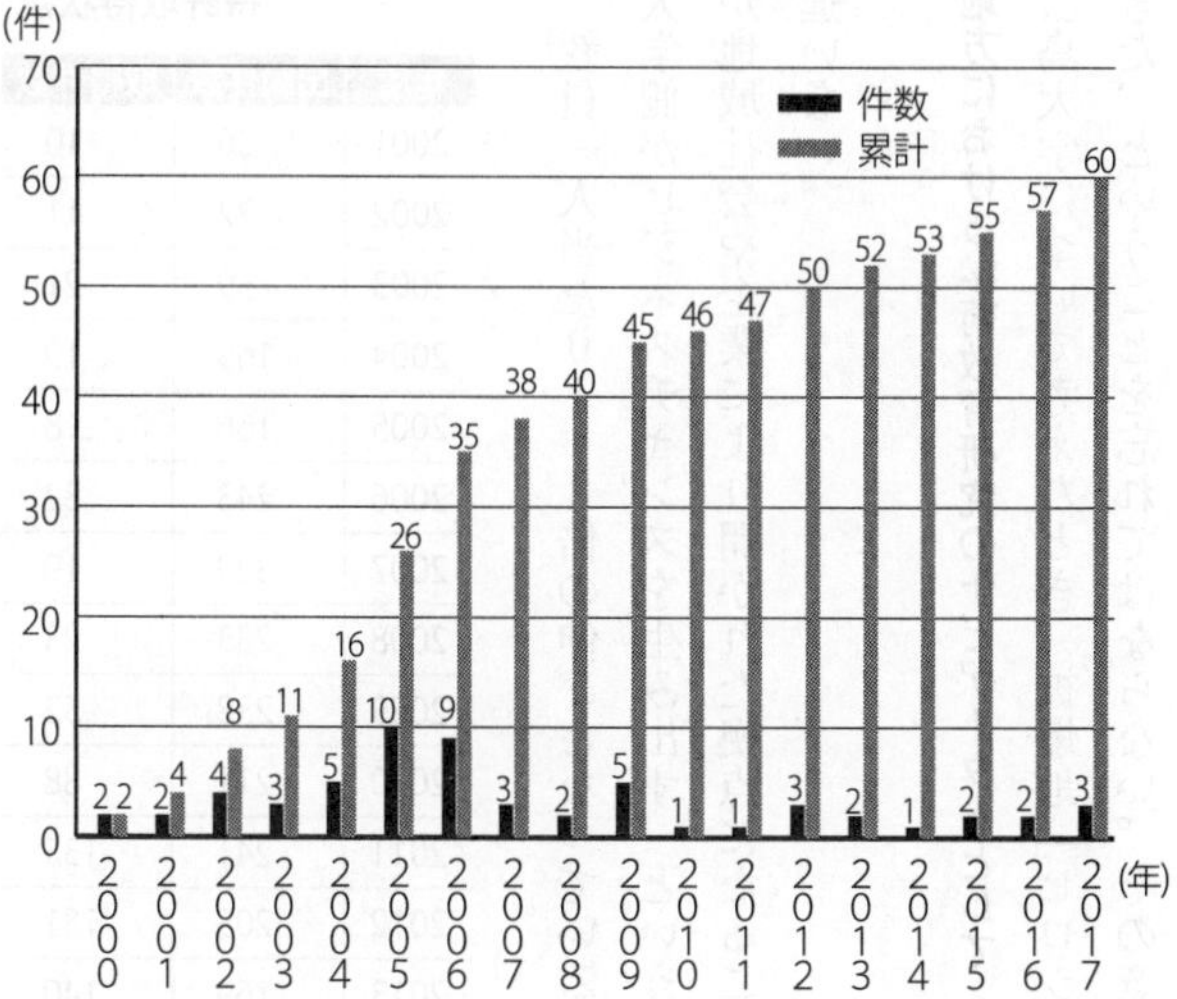

出典：広島大学のホームページより

さらにビジネスに必要な資金取得額も伸びている。

２０１６年度は、金額は外部資金獲得額51億３３８５万円（受託研究24億７４５６万円、共同研究８億９２４９万円、寄附金17億６６７９万円）で、教員一人当たり外部資金獲得額２９７万９８２円であった。そこから２年後の２０１８年度は外部資金獲得額70億８３９３万円（受託研究26億８３２７万円、共同研究10億３０６３万円、寄附金33億７００３万円）。教員一人当たり外部資金獲得額として４２０万４１１２円まで増えている。実に総額として２年間で１・３

●図表25　広島大学の特許取得状況

年度	出願件数	取得件数
2001	36	10
2002	22	11
2003	59	21
2004	169	19
2005	166	18
2006	243	32
2007	329	19
2008	233	23
2009	238	52
2010	211	88
2011	241	135
2012	205	151
2013	169	140
2014	170	124
2015	173	126
2016	204	143
2017	181	91
2018	194	101
合計	3243	1304

（2019年５月１日現在）

出典：広島大学調べ

倍、教員一人当たり１・４倍の伸びとなっている。それだけ期待が大きいのであろう。大学側がビジネスチャンスを生み出す、という動きが各地方にもたらす効果は絶大だ。大学が地域社会や企業により開かれた拠点になることにより、地方創生に大きく寄与するのは間違いない。

地方における学術教育研究のナビゲーターとして

広島大学について考えたとき、被爆地「ヒロシマ」に開学し、平和科学の実績を積み重ねてきた、ということを忘れてはならない。その意味で広島大学とは、世界に対して強い訴求力を持った大学だ。

森戸辰男初代学長は、大正時代に学術誌の筆禍事件で東京帝国大学助教授の職を追われるが、戦後、衆議院議員に当選、文部大臣を務めた。後に中央教育審議会会長や日本育英会会長を歴任するなど戦後の日本教育を牽引したことでも知られる。

１９５０年、議員を辞して広島大学の学長に就任すると、開学式で「変革期の大学」と題し、高らかにこう宣言している。

「大学の指示する道は、暴力と流血の道ではなく、平和と協力との道であります。ユネスコの示しているような、教育と科学と文化の道であります。しかして、それは大学が真理の究極の勝利を確信するからであり、変革と革新の基底が人間革命にある、との信念に立つからであります。わけても『平和記念都市』広島の文化的中核として、平和の大学たらんことを期する本大学が、世界と日本の平和的再建にたいして負う責任は、此の上なく大きいのであります」

広島大学が世界の各大学・機関と結んでいる国際交流協定の数は、２０１９年5月現在３４７と、日本国内の大学でトップクラスだ。「ヒロシマ」の知名度と相まって、森戸学長の言葉にあるように「平和の大学」としての伝統をここまで受け継いできたことが大きいと思う。

ただし、統合し移転した現在の東広島キャンパスは、東京ドーム53個分という広大なキャンパスながら、広島市からJR山陽本線を使って40分程度かかる場所にある。その地理的条件から、文系を中心に存在感の低下を懸念する声も聞こえている。

そもそも広島市には、私立大学のほか、公立の県立広島大学と広島市立大学がある。さらに2021年には県立広島大学を運営する法人が、新しい単科の公立大学を広島市中心部に創設するという構想もある。2019年5月段階での広島県の発表によると、学年の定員は100人。そのうち20人を留学生としつつ、より海外大学との親和性を高めるべく、広島大学と同様、クォーター制を導入。科目としてはプログラミングやデータ分析などが設置される。

かつて八王子に移転した中央大学も、近年になって法学部などで都心回帰を決定した。その背景には、学生の都心志向があるようだ。しかし、中央大学関係者の話によると、研究志向の強い外国人留学生からは、「多摩キャンパスの自然豊かな環境のほうが、落ち着いて勉強できる」と喜ばれることも多いという。

広島大学でも、東広島キャンパスの自然豊かな環境は、のびのびと勉学し、研究したいという留学生にとっては大きな魅力になるはずだ。

学術文化の発信地とは、決して東京や京都だけではない。そして図表26のとおり、広島大学は世界各国から留学生が来ている。図表22にも記したが、通年の留学生は２０１８年に３０１６人と、３０００人の大台を突破した。彼らを通じてその教育環境が各国へ広く周知されるようになれば、地方の大学こそ持ちうるポテンシャルが再発見されるかもしれない。

また２０１９年度から、広島大学は本格的な大学院再編に着手した。「統合生命科学研究科」と「医系科学研究科」を先行して設置したのを皮切りに、現在11ある研究科を４、５研究科程度に再編する計画を発表している。野心的な研究テーマにチャレンジする研究科の新設も目指すなど、既存の枠を超えた教育・研究に取り組むことで、また世界からトップクラスの研究者や優れた留学生を呼び込むことになりそうだ。これらの再編は、学部と大学院研究科が直結す

●図表26　地域別外国人留学生割合

地域	割合（%）
ヨーロッパ	2.3
アフリカ	3.2
中東	1.4
中国	61.5
韓国	3.6
台湾	1.7
南アジア	5.2
東南アジア	18.9
オセアニア	0.1
その他のアジア	0.7
北アメリカ	0.9
中央アメリカ	0.3
南アメリカ	0.3

（2019年５月現在）

出典：広島大学調べ

る、いわゆる従来の〝タコツボ型〟大学組織に風穴を開けそうな挑戦だけに、その動向から目を離せない。

広島大学には、日本の地方における学術教育研究のナビゲーターとして、その先駆としての自負を持って進んでほしい。

越智光夫・広島大学長インタビュー

世界トップ100大学入りを目指してチャレンジを続ける広島大学は、地方国立大学のホープと目される存在である。しかし、その一方でほかの国立大学と同様、18歳人口の減少と運営費交付金の削減という大波を受けていることも間違いない。「地方国立大学が輝くことが地方再生のカギ」と語る越智光夫学長に、その真意と今後の戦略を聞いた。

木村　広島大学が重要視されているミッションは何ですか。

越智　広島大学は1949年、「自由で平和な一つの大学」を建学の精神として広島の地に開学し、一貫して平和の大学として歩んできました。私も2015年の学長就任以来、「平和を希求し、チャレンジする国際的教養人の育成」を掲げているところです。学部新入生は「平和科目」(28科目)から必ず1科目を選んで履修するほか、2018

年から各国政府代表者や駐日大使の方々に平和を語っていただく「ピース・レクチャー・マラソン」をスタートしました。また、「戦争を目的とした科学研究は行わない」こととし、安全保障技術研究の取り扱いについても毎年対応を協議し決定しています。

木村　THEやクアクアレリ・シモンズ（QS）などの世界大学ランキングでは、東京大学をはじめとする日本の大学が軒並み順位を下げています。海外のランキングにどこまでこだわるべきですか。

越智　研究大学強化促進事業やスーパーグローバル大学創成支援事業タイプA（トップ型）に採択された広島大学にとって、世界トップ100を目指すことは社会との約束でもあるわけです。ただ、THEやQSなどの大学ランキングの順位がすべてではないとも思います。

教育力や研究力、研究の影響力（論文被引用）、国際性、産学連携（産業界から収入）などが評価項目となっている一方で、授業料は評価されていません。たとえば米国の場合、有力私立大学の授業料は日本の国立大学の約10倍ですから、それだけ教職員を潤沢に雇用できます。結果として教員一人当たりの学生数は少なくなり、教育力の高評価という形になっているのです。

日本の大学では事務職員も少ないので教員の業務負担は増える一方で、肝心の研究に振り向ける時間が少なくなり研究力にも響いている現実がありますが、その中で研究者は頑張っています。もちろん授業料が何倍にもなれば研究力がアップするだけでなく教員の負担も軽くなるので、ランキングも必ず変わります。ランキングが留学生の大学選びの重要な指標となっていることは確かですが、もともと英国が海外からの留学生を増やすための国策としてランキング評価を推進してきた経緯から、英語圏の大学に有利に働いている側面もあると思います。

木村　政府や経済界からは「日本の大学はだめだ」と憂う声も聞こえてきます。

越智　確かに日本の大学のランキングは下がっていますが、一方で企業の世界時価総額ランキングを見ると、1989年には50位以内に32社がランクインしていた日本企業が、2019年時点ではトヨタ自動車1社しかありません。欧米はもとより中国にも大きく水を開けられています。企業が求める学生像として、大学時代に何を学び、身につけたかよりも、いわゆる大学のブランドやスポーツ経験などを入社時に重視してきたことが、今日の大学危機を招いた一因にもなっているようにも考えられます。ただ、お互いが批判し合っていても仕方ありません。今後は、大学と企業が日本の未来のためにタッグを組み、頑張っていく必要があると思います。

木村 そのとおりですね。日本は科学技術立国を目指すといいながら、高度人材を育てるという点から見ると、極めてお寒い状況にあるのではないでしょうか。

越智 バブル崩壊以後、多くの企業研究所が閉鎖されたり縮小されたりしています。イノベーションの中心的担い手である理工系の博士号（Ph.D.）取得者の数と経済規模（GDP）は、強い相関のあることが知られています。ところが、日本のPh.D.取得者は先進国や新興国に比べて少なく、低い水準にとどまっているのです。今後18歳人口が減っていく中で、大学進学率を上げて、さらに大学院に進めるような仕組みをつくらないといけません。企業が短期的な利益を考えるのは当然としても、即戦力を求めるだけでなく、国の未来を見通した教育投資という長期的視点も忘れないでほしいと思います。

木村　具体的に理工系博士を育てるための実効性ある手立てがありますか。

越智　大学としてもインターンシップを密にして、企業から博士課程の学生を支援してもらうような仕組みづくりをする必要があります、企業はどういう研究分野を必要としているのか、一方の学生はどういう研究をしているのかを、お互いが大学院在学中から十分知ったうえで会社に入れれば、人材活用の道も広がると思います。企業研究者に占めるＰｈ．Ｄ．の比率はまだ４％前後にとどまっており、企業や官庁が採用を増やすことも必要です。

Ｐｈ．Ｄ．が増えないのは、学位を取っても未来が見えないことが大きいので、世界全体を見渡しながらＰｈ．Ｄ．取得者の給料を上げるなど、より良い待遇を受けられるような仕掛けづくりを進めてほしいですね。

国は２０２０年までにあらゆる分野で女性リーダーの割合を30％以上に引き上げる目

標を掲げています。企業や官公庁での障がい者の法定雇用率は2・2〜2・5％と定められています。同じように、企業や官庁がPh.D.取得者を一の定割合で採用すれば、Ph.D.を目指す学生はもっと増え、学術論文も増加すると考えます。

木村　昨今の国立大学を取り巻く、厳しい財政的な環境をどう受け止めていますか。

越智　競争的資金が増える一方で、大学が自由に使える運営費交付金は減っていることはご承知のとおりです。競争的資金は、現時点で伸びそうな領域に金を注ぎ入れて刈り込むわけですから、短期的には成果が出るかもしれません。しかし、まだ芽も出ていないような分野について耕さず、種もまかなかったら、50年後、100年後にまったく新しい領域が生まれず、海外をキャッチアップするだけになってしまいます。長期の視点に立って研究を自由にやれる環境が必要で、そこのバランスをうまくとらなければならないと考えています。

木村　〝地方消滅〟が現実味を帯びて語られています。だからこそ地方の大学への期待も切実になっていると思いますが。

越智　地方大学にはそれぞれの建学の精神と役割があります。とりわけ地方の人材育成とシンクタンクとしての役割は大きいと思います。地域とのつながりがあるからこそ、教員が行政の審議会や委員会に入って支援できるし、地域の産業界との結びつきも質・量ともに強まっています。広島大学もマツダやコベルコ建機といった地元企業、広島県や広島市、東広島市などの地方自治体と緊密に連携しています。

今後、地方が人口減で衰退していく中で、東京など大都会への一極集中で日本が繁栄するとは考えられません。地方を活性化していくためには、地方にある大学をどう活用していくかがキーとなるのではないかと思っています。地方大学がある程度の規模を有することで、その大学に地元の高校生が入って活性化させる。大学を卒業して一部は外に出ていくとしても、地域の企業に就職して地域活性化の一翼を担ってくれるはずです。

木村　地方大学の役割は、おのずと大都会の大学とは違ってくるということですね。注目すべき国の取り組みはありますか。

越智　地方大学は「金太郎あめ」ではいけないと思うのです。同じようなことをしていては行き詰まります。それぞれの持つ強みを伸ばしていくことが必要です。「地方大学・地域産業創生交付金」のような支援制度がスタートしたのは国もそういうことが十分、分かっているからで、時宜を得たプログラムとして評価しています。2018年度は広島大学のみでなく、中四国地方から島根大学、徳島大学、高知大学が参画する事業が採択されました。

ある領域の優秀な先生方が地方の拠点にも集まれるような教育研究環境を、国も整備してほしいし、大学も自助努力を求められていると思います。地方大学にも特定の領域の世界拠点ができたら、そこには全国、世界から研究者が集まってくれるのではないかと期待しています。

木村　半面、優秀な研究者獲得をめぐって大学間の競争が激化する恐れもありますね。

越智　今は論文が出やすいところを強くしようとするから、人材の取り合いになるんです。それだと「そこしかできない」「その領域しか生き残れない」というパターンに陥ってしまいます。そうではなくて、唯一無二の研究をしている人は地方の大学が連携してシェアし、みんなで守り合う仕組みを構築する。ユニークな先生は、その地方のほかの大学にもどんどん出掛けて講義をしたり、研究者を育成したりするようなダイバーシティが必要であると思います。

越智光夫（おち・みつお）
2015年、12代広島大学長に就任し現在2期目。1952年愛媛県今治市生まれ。広島大学医学部卒業後、整形外科に入局。膝関節外科、スポーツ医学に興味を持ち長年、広島東洋カープやJ1サンフレッチェ広島の選手のけが治療や予防にも取り組む。欧州留学を経て1995年島根医科大学教授、2002年広島大学教授に就任。2008年ハーバード大学 Thorndike Visiting Lecturer、2013年カリフォルニア大学アーバイン校客員教授。膝軟骨損傷患者から採取した細胞を培養し患部に移植する三次元自家培養軟骨移植を開発、2013年に日本発再生医療で初の保険適用となった。2010年文部科学大臣表彰「科学技術賞」、2015年紫綬褒章を受章。

第5章

広島大学への問い

高校生の夢をどのように叶えるか

受験生と大学の対話

本書では、ここまで現在の大学が置かれた厳しい状況を明らかにしつつ、多くのチャレンジを続ける地方国立大学の現状をレポートしてきた。第4章では、国の大学政策がともすれば旧帝大系や首都圏に偏る中、先進的な試みを用いて地方で飛躍する広島大学について紹介した。日本、特に地方の復活が、2020年以降の地方国立大学の頑張りにかかっていることがよくお分かりいただけたと思う。一方、ここまでの取材を通じ、これから大学教育の主役を担う高校生たちが、今どんな夢を持ち、大学に何を期待しているのか、そして彼らを受け入れる大学側に何ができるか、より明らかにしたいと考えた。

そこで最終章となる本章では、所属する高校を通じて、広島大学への進学を検討している西日本各地の現役高校生から質問を募集。その質問に対し、広島大学の教授陣に回答してもらうことにした。

実際の受験生と大学関係者による対話を実現したことで、各現場での教育と研究の現状をより生き生きと紹介できるとともに、受験生をはじめとした若い皆さんにとっては、それぞれが夢を叶えるためのよき道しるべとなり、多くのヒントを見つけていただけるものと思う。

Q1 地域を活気づけるために建築を学びたい

私は現在、広島大学の総合科学部か工学部の第四類への進学を考えています。

自分が小学生だった頃、放課後になると近所の公園は子どもたちでいっぱいでした。しかし現在、「子どもの声がうるさい」「公園の遊具は危険だ」という大人の意見やテレビゲームの普及などにより、外で元気に遊ぶ子どもの数は激減し、公園は寂しい場所になっています。

私はこの問題の解決に向け、SNSが役立つのではないかと考えています。特に若者の間で流行しているインスタグラムには「映える写真」がたくさん投稿されていますが、公園を「映える」場所に変えることで地域を活気づけることができるのではないでしょうか。

また私の住む地域では、近年たくさんの老人ホームが建設されています。ほかの町でも高齢化が問題視されている今、公園を健康づくりの場として活用する動きもあります。高齢者の方々が元気に生活できるよう、どんな年代の人でも使えて安全な器具を設置することで、公園がもっと明るい場所になると思います。

これらの問題を解決するために、大学に入学したら、地域や街づくりを考えながら建築を学びたいと考えています。まず生まれ育った町について詳しく知り、どうすれば自分の住む地域の魅力をもっと多くの人に感じてもらえるのか、何が人々の興味を引くのかを考えながら、実際に社会に出て自分自身ができることを探りたいと思っています。
そう考えた場合、総合科学部と工学部、どちらが私の学びたいことに深くかかわっているでしょうか。また広島大学はスーパーグローバル大学に指定されていると聞きましたが、それは私が学びたいこととどのように関連があるのでしょうか。

(広島県立安古市高校　K・Kさん)

A1 大学なら大きなスケールで学ぶことができます

ＳＮＳなどの現代を象徴する技術を利用して公園を見直し、さらにそれを地域の活性化につなげるというのはとても興味深いアイディアですね。日常感じている社会的問題や興味から、もっと学びたいと思える気持ちは、学問を学び探求するうえで非常に重要で貴重な資質だと思います。

具体的に進むべき専門分野についてですが、私は工学部第四類建築プログラムを担当している教員なので、その分野に関して答えさせてもらいます。

現在、広島大学の建築プログラムを担当する教員の中には、子どもの環境、地域環境や住民における建築の役割、地域の歴史的建造物の保存、一級建築士で建築設計などを専門とする研究者がいます。その研究は、研究室の中だけで行うのではなく、実際に地域の人とかかわったり、現地で調査を行ったりとフィールドワークを行うことも多々あります。工学部第四類に進学されたら、単体としての建築や集合体としての建築環境を軸にしながら、地域や都市環境までの大きなスケールで学んだり研究したりできると思います。

スーパーグローバル大学については第4章で触れていますが、広島大学は国際社会に貢献する世界トップ100の総合研究大学を目指しています。その取り組みの一つに「大学院の充実・強化」というのがあります。

もし、学びたいことや研究したいことがあれば、大学院でさらに質の高い指導と環境の中で学業に専念することができます。また、国際通用性の高い教育の提供も取り組みの一つで、もし日本だけではなくグローバルな視点でも研究をしたい場合には、そのための支援なども あるので留学などしやすい環境にあると思います。

（工学部・中薗哲也准教授）

Q2 環境に配慮した製品を開発したい

私は将来、機械設計の仕事に就き、環境に配慮したよりよい製品を開発することで社会に貢献したいと考えています。

そのため、広島大学の工学部第一類（機械・輸送・材料・エネルギー系）を志望しており、設計をする際に必要な、より実用的で幅広い専門知識を学びたいと思っています。具体的には主専攻プログラムに機械システムプログラムを、副専攻プログラムで材料加工副専攻プログラムを学び、いずれ環境に配慮した設計というものを考えていきたいです。

そこで2点、質問があります。まず、その2つを専攻した学生のためだけの専門的な講義や実験はあるのでしょうか。また広島大学の学生フォーミュラ（学生が企画・製作したレーシングカーで競うもの）、「フェニックスレーシング」に参加し、一から車をつくり上げることで実用的な知識を身につけたいと考えていますが、その意味でほかに参加すべきイベントなどはあるでしょうか。

なお大学生活への期待について、まだ明確には分かりませんが、これからの社会で必要な力や価値観、考え方などをバランスよく学ぶことができたらいいと思っています。特に広島大学では世界平和について学ぶ機会も多いと聞いていますし、一人の人間として大切なことを身につけられる教育を、今後も展開していただけるものと思っています。

（広島県立広島高校　S・Kさん）

A2　他学部の副専攻を用いて幅広い視点から学ぶことも

広島大学工学部第一類では、新しい機械システムの構造・機能や設計原理、メカトロニクス技術、知能化機械システムの生産原理、環境と調和する輸送・物流技術の開発、機能性材料の開発と利用、生産加工原理、新エネルギー開発、動力変換新技術などについての教育を通じて、機械・輸送機器と人間とのかかわり合い、次世代のエネルギーや環境問題などについて広い視野を持ち、最先端の設計・生産技術開発を担える技術者の養成を目指しています。

第一類に入学した学生は、2年次前期までは教養教育科目群ならびに類共通の専門基礎科目を履修した後、2年次後期以降は4つの教育プログラム（機械システム、輸送システム、材料加工、エネルギー変換）のいずれかに配属され、以降は各教育プログラムが提供する専門基礎科目・専門科目を中心に履修します。卒業論文着手要件を満たした学生は4年次に進級し、自身が配属された教育プログラムを担当している研究室のいずれかに配属され、卒業研究（卒業論文の作成）を行います。

機械システムプログラムでは、材料力学、機械力学やシステム制御等の分野を基礎とし、新しい概念に基づく機械システムの構造・機能や設計・加工原理、計算機を援用した設計（CAEやCAD）、計測・制御技術、メカトロニクス技術、数値シミュレーションと情報処理などで知能化された新しい機械システムの設計・生産原理と応用等についての教育を行っており、これらの教育を通じて、機械と人間とのかかわり合いや環境問題などについて広い視野を持ち、最先端の設計・生産技術開発を担える技術者の養成を目指しています。

材料加工プログラムでは、機械系基礎科目の学習および設計製図やフェニックス工房での工作実習などを通じて学生に機械系エンジニアとしての素養を身につけさせると同時に、機械材料や材料科学といった材料系専門科目、材料強度学や弾塑性工学といった材料の変形・破壊に関する専門科目、および成形加工学や機械加工学といった成形加工技術を扱う専門科目を提供し、機能性材料の設計・開発と利用、生産・加工原理について専門性の高い学問の教育を行っています。

一つ目のご質問は機械システムプログラムと材料加工プログラムを選択した学生だけの専

門的な講義や実験についてお尋ねかと思いますが、第二類のプログラムのうち機械システム・材料加工・エネルギー変換の三つのプログラムでは、必修科目や選択科目の違いはありますが、どの講義や実験でも履修することができます。ですので、履修基準の中であなたの興味に合わせて講義を選択できます。さらに専門的な講義は大学院で行われていますので進学を検討されるといいでしょう。

なお副専攻プログラムは、総合大学の利点を最大限に活かして、他学部の主専攻プログラムの内容を学習できるよう編成されています。機械システムプログラムを主専攻に選ぶならば他学部の提供する副専攻プログラム（たとえば、生物生産学部が提供する分子農学生命科学副専攻プログラムなど）を選択できるように設計されています。もちろん、工学部内の副専攻プログラムも受け入れ可能人数内で選択することができます。

二つ目のご質問は、フェニックスレーシングのような参加型プロジェクトがあるかとのご質問かと思います。広島大学工学部では、読売テレビが毎年主催している「鳥人間コンテスト選手権大会」に参加する公認チームがあります。詳細はチームのＷｅｂページ「鳥人間コンテストへの挑戦」をご覧ください。チーム紹介・活動の歴史・ビデオ・写真など、これまでの活動の様子が掲載されています。

（工学部・大倉和博教授）

Q3 食品について幅広く学びたい

私は将来、食に関する仕事に就きたいと考えています。特に高校生になってから自分の体重や体脂肪率を意識するようになり、それまで気にしていなかった食品表示にまで目を通すようになりました。何キロカロリーなのか、添加物が入っているのか無添加なのか、炭水化物は何グラムか、などです。最近だと、できるだけ無添加で低カロリーのものを買うように心がけていましたが、そうしている間に、おいしくて、健康にいい食品を開発してみたいと強く思うようになりました。

そのため大学に入ったら、いろいろな食品の効能や製造、加工について学びたいです。広島大学の生物生産学部では2年次から生物環境学、動植物生産学、食品科学、分子生物学から希望に合わせて専門的に学んでいくと聞いていますが、まず生物生産学分野の基礎を学べば幅がより広がりそうだと思い、魅力を感じています。

特に興味を持っているのは、チョコレートです。チョコレートはなぜおいしいのかを研究してみたいし、そうした自分の素朴な疑問や関心事を、研究を通して解決できるだけでなく、視野を広げていろいろな場面で応用できることも食品研究のよさだと感じています。

A3　チョコレート一つにもたくさんの科学が詰まっている

（島根県立出雲高校　Ａ・Ｆさん）

皆さんが普段食べているチョコレートには、たくさんの「科学」が詰まっています。チョコレートの主要原料である、「カカオ脂」という脂肪（油脂）はどのような性質なのか、なぜカカオ脂は室温で溶けずに口に入れるととろけるのか（以上、食品物理学）。そもそもカカオ脂の原料であるカカオの木はどういう植物で、どうやって育ち実をつけるのか（植物学）。カカオ脂はカカオの実の中の種（カカオ豆）を発酵後に乾燥させ炒《い》ってから油を絞り出すが、なぜ発酵させたり炒ったりするのか（発酵工学）。カカオ脂をしぼり出した後、どうやってチョコレートを作るのか（食品工学）。チョコレートの原産地はどこで、いつ頃からチョコレートは食べられているのか、どうやって食べていたのか、現在と同じように板チョコにして食べていたのか（歴史学・食文化論）。チョコレートを食べた後、チョコレートはどのように体内で分解されて吸収されるのか（食品生化学）。チョコレートの栄養成分は何か（栄養学）……。

以上挙げただけでも多くの学問分野がかかわっており、まさに「総合科学」と言い換えてもよいでしょう。そして、これら総合科学の理解をした後で、どうしたらおいしいチョコレートはできるのか、またなぜチョコレートはおいしいのか、さらに「チョコレートを食べると太る」とか「チョコレートを食べると鼻血やニキビが出る」とかいう噂は本当か、ということに答えることが可能になるのです。

このように身近な食品の「チョコレート」一つ取り上げても奥が深いものです。これらをすべて網羅して研究できればいいのですが、あまりにも分野が広く誰にとっても難しい作業です。またこのことは、チョコレートに限らずほかの食品や生物、生物にかかわる物質すべてに当てはまることです。したがって関係のあるなしにかかわらず、いろいろなことに大いに興味を持って素朴な疑問を常に持ちながら、また問いかけながら学んでください。素朴な疑問は研究を行うきっかけとなり、とても重要です。

生物生産学部（生物生産学科）を志望する皆さんは、前述のとおり総合科学が必要で、その必要な基礎知識を1~3年次（3年生の9月まで）に学び、3年生の10月から4年生にかけては、それら基礎知識を参考に卒業研究を行います。生物生産学部には、食品について学ぶ食品科学コース以外にも、家畜の生態・生殖や飼料について研究している動物生産科学コース、魚類の生態や行動さらに病気などについて研究を行う海洋生物生産学コース、生物の環境について研究を行う生物圏環境学コース、そして微生物や酵素を研究対象とする分子細胞機能学コースの合計5コースがあり、これらのコースは2年生の10月から個人の関心や興味に応じて皆さん自らが選択できます。

食品・生命・環境に関するさまざまな興味に対して門戸は広く開いています。生物生産学部を志望する皆さんは、何を学びたいのかをよく考えて受験してください。また、何を学びたいのかはっきりとしない人は、前述のとおり入学後1年半の「猶予期間」があるので、生物生産学部に入学後によく考えて決めてください。健闘を祈ります。

（生物生産学部・上野聡教授）

Q4 文理の概念にとらわれない学問をしたい

僕は広島大学総合科学部総合科学科を志望していて、そこでさまざまな検証をしたいと思っています。

小中学生の頃は家族や学校の先生方の姿を見て、社会科の教師になろうと考えていました。しかし高校一年生のとき、遊びに行ったいとこの部屋で見つけた『精神分析入門』（フロイト著、高橋義孝・下坂幸三訳、新潮文庫）が僕の価値観を大きく変えてくれました。人の心を学問として捉えられるという精神分析学は正しい学問なのか、何か別の真理があるのではないか、といった疑問や謎が僕の中で大きくなりました。

教師に憧れていた僕が、たった一冊の本との出会いで違う世界を意識したわけですが、こんなことは誰にでもあるだろうし、僕自身、これから遠くない未来に再びこのようなことがあると思います。特にそれは大学時代にあるのでは、と考えています。

さまざまな人や環境と触れ合い、新しい何かと出会うことで、また夢やビジョンが変わったり増えたりすると思います。大抵の場合大学は一度きりで、その後社会人となります。つまり大学は社会に出るまでの最終段階であり、努力して入ったのに「ああ、これを勉強したかったわけではなかった」などと思うのはもったいなく、あってほしくないことです。

だからこそ僕は幅広く学問を取り扱い、さまざまな観点から物事を見ることができる総合科学に魅力を感じ、大学入学後も文理という概念にとらわれずに多くのことを学びたいと思います。


（兵庫県立小野高校　T・Sさん）

A4　幅広い知識、俯瞰的・多角的観点からの着想と分析力、学際的な応用力を身につけて

『精神分析入門』を読んで、心理学に興味を持たれたのですね。心理学は、ギリシャ時代から綿々と続く「人間とは何か」という哲学的な問いに対して、19世紀の生物学者が物理学の手法を用いて始めた学問です。ですから、文系的な発想や事象の捉え方と、理系の実験的発想や分析力が求められます。心理学は、誕生したときから学際的な研究分野だったのです。

現代社会の抱えるさまざまな問題には必ずといっていいほど人間が関係しています。そのため、人を理解することが、社会の諸問題を理解し解決のための方策を立てることにつながります。

しかし、社会や環境と人とのかかわりを理解するためには、心理学だけの知識では十分ではありません。社会学や哲学、生命科学、環境科学などの学問分野についての知識も必要になってきます。人の行動や考え方を理解し、人が社会環境にどのような影響を及ぼしているか、また影響を受けているのかを明らかにするためには、幅広い知識、俯瞰的な視点や多角的な観点からの着想と分析力、学際的な応用力を身につけることが大切になります。まさに、文理の枠を超えて学んでいかなければならないのです。

世の中の問題には、文系の問題とか、理系の問題とかいったものはありません。どの問題にも文理のさまざまな学問が関係しています。ですから、文理の枠を超えて問題を捉え、分析・解決に向けて諸学問が協働することが大切なのです。総合科学部では、そうした多角的な物事の捉え方を学ぶことができます。

総合科学部の心理系（行動系と呼んでいます）では、心理学を学ぶだけではありません。社会科学や哲学、生命科学、認知科学、情報科学といった幅広い学問を学びながら、人についての多角的な知識を身につけることができるようになっています。また、他分野と協働して、人についての研究を進めていくこともできますので、幅広く人を理解することができると思います。

研究方法として、実験に興味を持たれているようですが、人の行動観察や調査も大切です。人の行動を理解するためには、しっかりした観察により問題に切り込み、調査により要因間の関係性を明らかにし、実験によりその因果的関係を検証するという手法が用いられます。研究テーマに応じて研究法を選択して、研究を進めていくことになります。もちろん、人を対象とすることができない研究テーマでは、ラットなどの動物を用いた研究を行うことになります。

大学生活は、中学校や高校と比べるととても自由で、自分でやることを決めることができます。しかしそこには必ず自己責任が伴います。しっかり自分で考えて行動することが大切です。勉強だけをすればいいというのではありません。友達と語り合うことや趣味を持つことも大切ですし、アルバイトも社会経験という点で大切です。旅先での人々との触れ合いも、新しい見方や考えを知るうえでは大切な経験となります。さまざまな活動や経験を重ねることで、豊かな人間性を育むことにつながるのです。ですから、大学ではいろいろなことにチャレンジして、多くのことを学んでください。

（総合科学部長・岩永誠教授）

Q5 英語力を向上させ、学部学科や学年の壁を超えて幅広く交流したい

私は総合科学部国際共創学科や教育学部などに興味があります。昔から人とかかわること、特に子どもとかかわるのが好きで、英語にも興味があるので、教員になりたいと思う一方で、国際機関で働きたいという気持ちもあります。

このように将来の夢が明確ではないので、大学では将来の選択肢を広げるべく、特に英語力を鍛えたいと思っています。そこで、日々の授業の中で学生の英会話の質を向上させるため、先に述べた学部でどのような工夫がなされているかを知りたいです。

加えて私が広島大学に期待することとして二つあります。一つ目は、自分の学部学科にとらわれず、さまざまな学問に触れる機会を設けてほしいということです。私は、先に述べた以外にも地理学や心理学などさまざまな分野に興味がありますが、これらを一つの学部で学ぶのは困難なので、自分の学科以外の先生とかかわり、学習することができればと思います。そこで「自分の学科以外の授業に積極的に参加することは可能か」を知りたいです。

二つ目は、大学の授業の中で同じ学科に属する他学年の学生とかかわる機会を多く設けてほしいということです。私は熊本に住んでいるので、広島大学に進学すれば一人暮らしをす

ることになるし、勉強面なども含めて不安が大きいのですが、自ら先輩に相談するのは難しいと思うので、このような機会があればと思います。そこでぜひそうした機会があるかを知りたいです。

（熊本県立熊本高校　M・Aさん）

A5 学問を幅広く学ぶなら総合科学部。特に英語力を伸ばしたいなら国際共創学科へ

まず、ことば（言語）の役割について考えてみましょう。

ことばの最たる役割は意思伝達です。頭で思い描いていることをことばで表現することで、私たちはコミュニケーションを図っています。しかし、ことばによるコミュニケーションは必ずしも会話に限定しません。本を読んで作者の意図を理解することも言語コミュニケーションです。つまり、「話す」「聞く」「読む」「書く」のすべてがコミュニケーションにかかわっています。さらに、言語や文化が異なる人々との協調性と協働力が求められるグローバル社会では、会話力より高度な対話力が必要です。特に国際機関で働くためには、この対話力が重要になります。

英語が国際共通語の役割を担っていることから、総合科学部の国際共創学科（Integrated Global Studies: IGS）では特に英語による「対話力」の向上を目指しています。そのため、授業の大半を英語で行っています。英語で書かれた教科書を使い、クラスで行うグループディスカッションも英語です。オンラインで英語の文献を探して読む課題もあります。また、IGSには留学生も多いので、教室の外でも英語が共通語です。

このように日常的に英語を読み、書き、話し、聞くことが、バランスよく英語の対話力を伸ばすことにつながります。さらに、「英語コミュニケーション演習」や「英語ライティング」などの授業を通して英語で書かれた専門書を読んだり、内容をまとめたり、英語で書いたりする力を伸ばします。TOEICやTOEFL（欧米の大学に留学する際に受験しなければならないテスト）などの試験対策の授業もあります。

言語や文化が異なれば価値観や世界観も違います。留学生と日本人が一緒に勉学に励むことで、語学力だけでなく、お互いの相違を認め合う寛容性も養われていきます。そして、異文化に対しても視野が広がるでしょう。人とかかわることが好きで英語にも興味があるのであれば、IGSは理想的な学科だと思います。

（総合科学部国際共創学科・柴田美紀教授）

総合科学部では、まさに、ほかの学部では考えられないくらい、幅広い学問に触れることができます。まず、総合科学部は、「文学部心理学科」などといった一般的な大学学部学科で見られる既存の学問枠組みで区切られていません。

総合科学部に進学すると、人間探究、自然探究、社会探究という3つから自分の学びたい領域を選択する制度をとっていますので、いわゆる理系や文系の特定の学問分野に制限されるということはありません。また、その選択は2年生に進学する段階で行いますので、1年生の間にさまざまな教養教育科目の授業に出ることで、高校までで触れることのなかった学問領域を知り、自分の興味関心を1年間かけて見定めることができます。さらに3つの領域に多種多様な教員が所属し、研究と教育を行っていますので、理系文系を問わず幅広い範囲の授業を提供しています。2年生以降、個別領域に進学後も、他領域の授業の単位を取ることを卒業要件にしていますので、おのずとさまざまな学問に触れることになると思います。

先輩とのつながりですが、総合科学部はこのように独自のシステムを持っていますので、総合科学部生としての自覚が強く、学年を問わず学生間の結びつきが強いです。また、オリエンテーション行事などを通じて、公的な形での交流も盛んです。そのため、先輩との情報交換も心配ありません。

（総合科学部・三村太郎准教授）

Q6 大学で未来を学び平和を見つめ直したい

私は広島大学で、持続可能なエネルギーの開発など、未来に役立つ技術や知識を学びたいです。広島大学は最先端の設計や生産の研究開発施設を備え、日本の産業の基盤を支える技術者の養成を目指しているので、そういった自分の学びたいことが存分に学べると思いました。

そして平和についても学びたいと考えています。今、いつ戦争が起こってもおかしくない状況だからこそ、その悲惨さや、戦争をしていいことなど一つもないということを、世界を代表して日本が示さなければと感じているからです。だから平和について、あらためて広島大学で見つめ直したいと思いました。

大学そのものについては、オープンキャンパスで訪れたときに、お互い異なる国籍の人たちが話し合い、笑い合っていたのが印象的でした。日本とは違う文化や風習などを体験し、学ぶことができれば、将来の大きな財産になると感じています。そして就職についても、大手企業や地元企業など幅広い分野で就職実績があったし、自分に合った企業を選ぶことができそうなのでそれも魅力的でした。また、研究大学強化促進事業において、研究大学にも選定されているし、ほかの大学より質の高い研究ができそうで、そこも魅力の一つとして感じています。
（兵庫県立兵庫高校　Ｎ・Ｓさん）

A6 広島大学なら多様な観点から平和を考えられる

広島大学には、２０１１年度より始まった全学選択必修科目「平和科目」があります。広島大学に入学したすべての学生は、平和科目群の中から一つを履修し、単位取得しなければなりません。２０１９年度は、28の平和科目が開講されています。

平和科目は戦争、原爆、貧困、飢餓、人口増加、環境など極めて多様な観点から学生に「平和を考える場」を提供し、寛容と共生の心を養い、国際平和を考えることにつなげ、絶えず「平和」について考えることを通じて、豊かな人間性を彼らの間に培っていきたいとの強い思いから出発しました。それは被爆地「ヒロシマ」に開学し、「自由で平和な一つの大学」を建学の精神として掲げる広島大学の個性の一つであり、被爆地にある広島大学の使命であったからです。

２０１９年度の入学式式辞で、越智光夫学長は次のように述べました。

「広島大学に入った皆さんには、戦争や紛争、核廃絶、貧困、環境、宗教など多様な観点から、平和について考える『平和科目』を必修で学んでいただきます。平和の大切さを知り、平和のために、一人ひとりが何かできることを見つけてほしいと願っています」

これが「自由で平和な一つの大学」を建学の精神とし、その理念の第一に「平和を希求する精神」を掲げる広島大学の願いです。

平和については、戦争の悲惨さを直視し、核廃絶を含む軍縮を展望する視点を育む必要があることはいうまでもありませんが、それ以外にも貧困、飢餓、人口増加、環境、教育、文化など、多様な観点から絶えず平和について考えることを通じて、豊かな人間性を育んでもらいたいと思っています。また2019年度からは、教養課程だけではなく、大学院共通科目でも平和に関する科目を新設しました。博士課程前期と博士課程後期の学生も、平和に関する科目を履修することが可能となりました。

ヒロシマの基盤ともいうべき原爆・被爆被害とは何かを理解し、さらに、ヒロシマの思いを基軸としながらも普遍的で恒久的な平和のあり方を模索してもらいたいと思っています。今日的に緊急性の高いテーマである、たとえば、貧困、飢餓、難民、環境問題そして世界各地の地域紛争などをテーマに、理想と現実との間にあるギャップをも理解し、理想的な平和のあり方を考えてほしいと願っています。もちろん学部の専門においても、平和に関する講義はあります。たとえば総合科学部では、学部専門の「平和学」も開講されています。「平和」という言葉は、とても多義的でいろいろな使い方をされます。さまざまな機能を持たされます。戦前はその美名のもと、「平和」は多くの若者を戦地に送る機能さえ果たしました。それ故に、「平和」の意味を考えることは、ことさらに重要なのです。

広島大学に入学した皆さんには、教養、学部、大学院で平和に関する講義を通し、ぜひ「平和」とは何かを考えてほしいと願っています。

（平和センター長・川野徳幸教授）

Q7 広島大学が誇る教育学部での学びについて

私は広島大学の教育学部に進みたいと思っています。知的障がいのある児童の「遊びの指導」の授業づくりに関する研究に興味を持ったからです。また広島大学は「教育といえば広島」といわれるほど教育学で有名ですし、教育学部に進むことを決めたとき、一番に思い浮かべました。

そこで素朴な疑問なのですが、どうして、みんなに教育で有名な広島と思われるようになるほど、教育学の分野に力を入れてきたのでしょうか。また、そうなるまでにどのような取り組みを行い、工夫をされてきたのかも教えていただきたいです。

（福岡県立東筑高校　S・Iさん）

広島大学に惹《ひ》かれる理由として、教育学部のレベルがトップクラスであることが挙げられます。また、実践型と研究型の二つの側面を兼ね備えた数少ない第Ⅲ型の教育学部である点においても、教育に携わることを目指す学生にとって最高の環境だと確信しています。

その広島大学で学びたいこと、挑戦したいことは数多くありますが、大学生活を通して特に以下を経験したいと思っています。一つ目は学問としての学び、二つ目は教育としての学びです。

私は幼い頃から英語を教えるということに興味があり、広島大学教育学部第三類英語文化系コースへの進学を希望しています。大学での学びは高校までの決められた勉強とは異なると思いますが、自分が興味を持つ分野に対し、同様に興味を持った仲間と学び合い、深めることはできるでしょうか。また、教育の場では知識以上に教師としてのあり方も求められると思いますので、実践的な学びを通じて人間性も高めたいと思っています。広島大学でこれらの学びは実現できるでしょうか。

（広島市立基町高校　Y・Mさん）

A7 専門的に学べる5つの類・15のコースと、すべてのコースに大学院を設置

教育とは、一人ひとりが持っているあらゆる資質や能力を最大限伸ばすとともに、よりよい社会の形成者を育成することです。広島大学教育学部では、伝統的に、人間形成について研究する教育学の分野に力を注いできました。広島大学教育学部の歴史は、前身校に当たる白島学校（1874年設置）、広島高等師範学校（1902年設置）にまでさかのぼること

ができます。現在の広島大学教育学部は、広島文理科大学（1929年設置）、広島青年師範学校（1944年設置）、広島女子高等師範学校（1945年設置）が統合され、1949年に新制国立大学として誕生しました。

その後、一貫して教員養成と研究者養成の両輪で優れた人材育成を行っている点が、ほかの教育系大学には見られない本教育学部固有の特徴です。そのことが評価され、広島大学大学院教育学研究科は2019年に、教員養成と研究者養成の両機能を備えた国を代表する教育研究機関として、国際的なネットワーク（International Network of Educational Institutes）への加盟が認められました。

本教育学部には、初等教育、特別支援教育、中等教育、日本語教育、教育学、心理学を専門的に学べる5つの類・15のコースがあり、すべてのコースに大学院が設置されています。各種の学校などで子どもの成長に携わる教師の仕事に就きたい人、大学院に進学して専門性を高め研究者を目指したい人、広く生涯学習社会で活躍するリーダーになりたい人など、一人ひとりのキャリアデザインに応じた最適な教育環境が整備されています。

また教育学部では、2011年度から、学部4年間を通した学生の学びの軌跡を記録する「教員免許ポートフォリオ」システムの運用を開始しました。このシステムに蓄積された情報をもとに、教員養成段階で身につけるべき資質・能力を明確にした「教員養成広大スタンダード」を指標として用い、教員が学生と個人面談を行いながら、到達水準を確認し、学生一人ひとりが理想とする教師に成長するための支援を行っています。

（教育学部・中村和世教授、教育学部長・小山正孝教授）

Q8 人の行動や認知について、資格取得も見据えて学びたい

私は広島大学に入学して、人の心理状態における行動や認知の変化について学びたいです。その理由として、相手の行動から感情を読み取ることに興味があり、感情の変化を通じ、行動が年齢や性別によってどのように変わるのか、どのような傾向があるのかを検証してみたいからです。

広島大学の心理学コースは、公認心理師の受験資格を得るためのすべての科目を履修することができると聞いていますが、臨床心理士になるためのカリキュラムとまったく別のものでしょうか。また、大学院への進学率が高く、研究施設が充実している印象がありますが、大学院やそのような研究施設で行われている実験について詳しく知りたいです。

加えてアドミッション・ポリシーの中に、入学前に学習しておくことを期待する内容として、「心の測定法やデータの収集・分析などの方法を習得」とあり、数学の力も必要なのかなと感じています。英語や数学のほか、知識として備えておくべきものはありますか。

（福岡県立東筑高校　C・Oさん）

A8 公認心理師と臨床心理士のダブル資格取得も可能

心理学は、人の「心の状態」を反映する行動などを心理量として測定し、研究することができる学問です。そして公認心理師と臨床心理士は異なる資格です。公認心理師は、文部科学大臣および厚生労働大臣が行う国家試験によって与えられる国家資格です。公認心理師になるには、学部において法律で定められたすべての科目（学部25科目）を履修する必要があります。

学部卒業後は、大学院において法律で定められたすべての科目（10科目）を履修し、修了することで国家試験の受験資格が得られます。大学院進学以外では、学部卒業後、研修制度のある心理職の現場で2年以上の実務経験を積むことで受験資格が得られることになっています。本教育学部心理学系コースならびに大学院教育学研究科心理学専攻心理臨床学コースは、国に届出が認められ、法律で定められたすべての科目を履修できます。

一方、臨床心理士は、文部科学省認可の公益財団法人日本臨床心理士資格認定協会が実施する試験によって認定される民間資格です。臨床心理士になるには、資格認定協会が課程認定をした指定大学院に進学することが必要です。

本学心理臨床学コースのカリキュラムは、資格認定協会が指定する第1種指定大学院として認定されています。本学大学院修了後、直近の臨床心理士資格試験を受験し、合格すれば、臨床心理士になることができます。全国の平均合格率は、6~7割ですが、本学大学院を修了した学生の合格率は、毎年9割を超え、受験した全員が合格する年が多いです。心理臨床学コースでは、公認心理師ならびに臨床心理士の両資格の受験資格が得られるようにカリキュラムを配置しており、特に実習は、学内相談室でのカウンセリング体験、学外での現場実習体験ができるように工夫しています。

大学院での研究についての質問ですが、本教育学部心理学講座では、「認知心理学」「学習心理学」「社会心理学」「教育心理学」「発達心理学」「幼児心理学」「言語心理学」「臨床心理学」と多様な専門家が教員スタッフとしてそろっています。

それぞれの教員スタッフが専門領域ごとに世界に発信できるような研究を行っており、学生たちもその専門性を取り入れ、各研究室に所属しながら卒業論文、修士論文、博士論文としての研究に励んでいます。

大学院では、具体的に「こころ」の働きを測定する認知生理指標(たとえば脳波など)を取り出す実験研究や社会心理学的大規模調査研究、面接を通した個別性にアプローチする質的研究などのそれぞれの専門性に合わせた多様な研究法を取り入れています。

これらの研究方法は、「何を知りたいか」というリサーチクエスチョンにより異なりますが、「こころ」の多様な側面を取り出し、「こころ」の仕組みを解明し、現代社会で対応すべき「こころ」の課題を解決することを目指しています。

心理学では、文献を読むだけではなく、実際に調査や実験をして、そのデータを分析します。データの分析は、統計学を用いるため、数学の知識が役に立ちます。日本語でレポートや論文を書くことが多いため、文章表現力も必要となります。

高校生のあなたが、英語や数学に着目していることは自分で考えた結果ですね。学問も大切ですが、そのように自分で考えて、何かを見いだす力は一朝一夕で身につけることができる能力ではありません。そのため、高校生のうちに日常生活の中で、自分自身で課題を見つけ、考え、行動してみるという体験が、人の心についての関心の幅を広げ、人のある心理状態を知ろうとするときに、役立つ場合があると思っています。

今回は、文面中ではありますが、高校生のＣ・Ｏさんと出会えてうれしかったです。これからのあなたのご活躍を応援し、再会を楽しみにしております。


（教育学部・神原利宗助教、服巻豊教授）

Q9 情報科学部は工学部とどの点が違うのか

工学部第二類（電気電子・システム情報系）と情報科学部の違い、そして情報科学部の強みとは何でしょうか。将来ソフトウエアやAIの製作がしたいなら、どちらに行くべきですか。情報科学部から大学院に進むとしたら、どのようなケースが考えられるのでしょうか。また、学んだ先の進路として主にどのようなところを想定しておられるのか知りたいです。

（山口県立山口高校　T・Mさん）

A9 情報科学の対象は基礎から応用まで幅広い

情報科学部の特徴は、情報工学を含む情報学（インフォマティクス）とデータサイエンスの有機的な融合にあり、その意味で、基礎から応用に至る非常に幅広い教育・研究を行っています。単にソフトウエアを作成したり、人工知能技術を応用したりすることは、もはや工学だけに限らず、あらゆる分野において日常的に行われている汎用技術になりつつあります。

しかしながら、ソフトウエアにおけるプログラミング言語理論、アルゴリズム開発、ソフトウエア工学などの基礎的な研究分野、あるいはＡＩ開発における中核技術である機械学習アルゴリズムの開発といった理論的な分野は、情報科学部が包括的にカバーする教育・研究領域です。

一方、本学の工学部第二類では、電子材料、半導体デバイス、電気エネルギーなどコンピュータのハードウエア部分を構成するために必要な電子物性分野と、電子機器、ロボット、大規模システムなどの設計・制御を行うための電気システム制御技術に焦点を当てており、情報技術の適用を前提にしていながらも、どちらかといえばモノづくりに近い教育・研究を行っています。

現在、大学院組織の改組計画が進行中であり、学部で学んだ教育内容を高度に発展させるために情報科学プログラムとデータイノベーションプログラム（仮称）の設置が検討されています。また、情報科学部にはさまざまな学問的背景を持つ教員が参画しているため、たとえば、情報科学部を卒業した後に、経済学、教育学、数学のような分野に専門を移行する学生も十分想定できます。

さらに、広島大学の殻に閉じこもることなく、国内外における他大学の大学院に進学することも可能です。自らのキャリアパスを意欲的かつ自由に設計できる学生が育つことを期待しており、広島大学から世界に羽ばたく人材が出ることを願っています。

従前の工学部第二類での主な進路は民間企業への就職であり、国内の大手ＩＣＴ企業、電力会社、自動車や重工業など情報技術が必要とされる多種多様な業種で活躍する人材を輩出してきました。

これに加えて情報科学部では、データサイエンス分野の爆発的な広がりも見据え、ＧＡＦＡ（グーグル、アマゾン、フェイスブック、アップル）やＢＡＴ（バイドゥ、アリババ、テンセント）など世界経済を牽引するグローバルなＩＴサービス企業への就職、ならびにベンチャーを起業する意欲的な学生が数多く出てくることも期待しています。

また、製薬会社、教育サービス、金融、マーケティングなど、これまでは工学系の学生があまり進路として選択しなかった職種においても活躍することのできる人材を育成したいと考えており、地域産業の発展にも大いに貢献することを想定しています。

（情報科学部・土肥正教授）

Q10 医学部希望だが、女性に対する差別は

私は広島大学の医学部を目指し、日々勉強に励んでいます。オープンキャンパスで訪ねた際、学生の方々の雰囲気のよさ、充実した施設、交通の便がよく、加えて医学部に留学プログラムがあるということを知り、志望を決意しました。

実は、高校入学時までは薬学部を志望していました。その理由は医学の世界では女性の立場がいまだ低いとよく耳にしていたからです。医学部に志望を変えた今でも、そのことが心の隅にあります。世間でも医学部受験での女性差別、点数操作が話題となり、不安が募るばかりです。受験に限らず、入学してからの女子学生の様子も気になっています。

医学部の受験者数や合格者、在校者における男女比はどのようになっていますか。また、それに対するお考えを教えていただけるとうれしいです。（福岡県立東筑高校　N・Aさん）

A10 入試は男女区別なし。女性医師支援センターなどのサポート体制も充実

本学は、充実した環境の中で医療を学べる大学です。

たとえば1年次には、チーム医療を担う医療人養成に向けて医学部、歯学部、薬学部の3学部合同で学ぶIPE教育（多職種連携教育）や合同早期体験実習を取り入れています。また、医学部の留学プログラムについては、4年次に医学研究実習（4か月間）の一環としてフロリダ大学やテキサス大学などで研究を行うもの、5年次にグラーツ医科大学、ハノーファー医科大学などに臨床研究学生として1か月間派遣する制度（一部渡航費補助あり）もあり、とても充実しています。2018年度は4年次10人、5年次14人が参加しました。

ご質問のあった入試について、本学医学科では男女を区別した入学者選抜は一切行っていませんので安心してください。2018年度の本学医学科の志願者と入学者の数は本学のウェブサイトに公表されているのでご参照いただければ、その男女比にほとんど差がないことが把握できると思います。在校生の男女比の年度推移もサイト上に開示しています。

また広島大学には女性医師支援センターがあり、2015年度から毎年、「女子医学生と女性医師のお茶会」や「医学生、研修医等をサポートする会」を開催するなど、女子医学生や女性医師へのサポートの取り組みを行っています。

以上のことで、あなたが不安に思っていることが少しでも解消され、本学を安心して受験されることを願っています。

（医学部長・秀道広教授）

Q11 留学生と学び交流する機会について

私は広島大学に進学して、外国語の能力や異文化理解能力を身につけ、幅広い視野をもって世界で活躍できる人材になりたいと考えています。

その点、広島大学は海外からの留学生を多く受け入れているので、普段から異なった言語、文化、価値観を持つ人たちと交流することができると思います。留学生と日本人大学生のための国際交流イベントが多数開催されていますが、それ以外でも交流の機会はあるのでしょうか。また留学生と一緒に講義を受けたり、研究したりすることはあるのでしょうか。

そして在学中には海外留学をしたいと考えています。特にヨーロッパへの留学に興味を持っているのですが、外国語学習や文化体験とは、具体的にどのようなことをするのでしょうか。また留学によって言語力以外にどんな力が身につくのでしょうか。さらに将来、外資系企業に勤めたいと考えていますが、留学体験をどう活かすことができるでしょうか。

海外留学の制度についてですが、今後募集人員が増える可能性はありますか。選考基準によらず、十分な意欲を持つ学生は誰でも留学できるようにはならないでしょうか。

（愛媛県立今治西高校　Ｔ・Ｄさん）

私は広島大学に入り、海外で通用する英語力を身につけたいです。それはあらゆるものがグローバル化した現代において、第一線で活躍するために必要と思っているからです。また国際社会で活躍するためには、さまざまな国の文化などの幅広い知識やものの捉え方が必要になると思うので留学制度にも期待しています。広島大学には「STARTプログラム」「USACプログラム」「HUSAプログラム」など、多くの留学制度が存在し、自分に適したものを選択できると聞きました。

留学制度を使うことでより国際的な人材になりたいと考えていますが、授業そのものも留学生と一緒に受けるのでしょうか。もし授業がともに行われるならば、英語でのディスカッション能力やプレゼンテーション能力などを身につけることが期待できるし、大きな利点だと思っています。またその文化を学習する際、実際に現地で過ごしてきた人の声を聴くことで、より理解が深まり、印象に残すこともできるのではないでしょうか。

（福岡県立東筑高校　K・Iさん）

A11 留学生との交流の機会は多く、留学制度も充実

期待を寄せてくださっているように、広島大学の留学制度は、１年生向けの短期留学（ＳＴＡＲＴプログラム）に始まって、語学留学、交換留学、研究留学、海外インターンシップへと、学年を追って参加できる仕組みになっています。学生の皆さんはそれぞれの能力や学びたい内容に応じてプログラムを選ぶことができます。

「ＳＴＡＲＴプログラム」は、留学経験のない１年生がチャレンジしやすいように、夏休み、あるいは春休みに２週間程度留学する制度です。オーストラリア、ニュージーランド、アメリカなどの英語圏のみならず、スペイン、リトアニアなどのヨーロッパ、タイ、インドネシア、カンボジアなどの東南アジアの大学を訪れるプログラムも充実しています。たとえばリトアニアでは「命のビザ」で知られる杉原千畝記念館、カンボジアでは強制収容所だったトゥールスレン博物館をそれぞれ訪問して、私たちに何ができるのかを考えます。

留学する前にも現地の歴史・文化を参加者が一緒に学んでしっかり準備しますが、それでも多くの参加者は「もっと英語を勉強しなければ」「もっと世界のことを知りたい」と思うようです。そして、２年生以降に１か月の語学留学や半年ないし１年の交換留学などに挑戦

する人も少なくありません。

「ＳＴＡＲＴプログラム」は参加費用の半分程度を大学がサポートしますし、交換留学の場合、日本学生支援機構などの奨学金を得て留学する人もいます。世界中に協定校があり、その数は大学間で52か国・地域３１４機関３４７協定（２０１９年5月現在）にも上ります。今後も留学機会を増やしていく予定ですが、留学を成功させるためには意欲とともに、ある程度の語学力も必要となります。留学経験を通じて語学のみならず、異なる文化・考え方を受けいれる力が確実に身につきます。これからは外資系企業に限らず、さまざまな文化背景を持つ同僚と働く機会が一層多くなるでしょう。広島大学に入学して、ぜひ留学にチャレンジしてください。

次に「広島大学では授業は留学生とともに受けるものなのか」というご質問に対して、ひとことでお答えすれば、「受けることはできます」。

大学院の場合、たくさんの留学生が正規学生として入学しているので、多くの授業を留学生と一緒に受けることになります。一方で学部レベルの場合、交換留学生が多いため、皆さんが履修する授業を取りに来る留学生は必ずしも多くはありません。所属する学部や学科・コースに留学生がいないようなら、皆さんのほうから留学生向けの授業を取りに行ってはいかがでしょうか。留学を目指す学生の中には、交換留学生向けに開講されている授業に積極的に参加する人も多いですよ。

そうした授業では、先生の話を英語で聴き、留学生とディスカッションし、一緒に発表の準備をしたりします。授業で知り合った友達の母校を交換留学先に選ぶ人もいます。

このほかに、総合科学部の国際共創学科のように、海外で学んだ経験を持つ学生が初めから入学しているコースでは、異なる文化背景を持つ人たちとグローバルに学ぶ機会にあふれています。こちらへの入学もおすすめです。

広島大学には、授業のみならず、学生宿舎やアパートで留学生と一緒に生活する機会を提供する制度もあります。また留学生が入部しているサークルもありますし、留学生との交流を主な活動としているサークルもあります。学内にいながらにして国際交流ができるのが、広島大学の魅力の一つです。

（国際交流担当副学長・丸山恭司）

ラクレとは…la clef=フランス語で「鍵」の意味です。
情報が氾濫するいま、時代を読み解き指針を示す
「知識の鍵」を提供します。

中公新書ラクレ
664

「地方《ちほう》国立《こくりつ》大学《だいがく》」の時代《じだい》

2020年《ねん》に何《なに》が起《お》こるのか

2019年 8 月10日発行

著者……木村《きむら》 誠《まこと》

発行者……松田陽三

発行所……中央公論新社
〒100-8152 東京都千代田区大手町 1-7-1
電話……販売 03-5299-1730　編集 03-5299-1870
URL http://www.chuko.co.jp/

本文印刷……三晃印刷
カバー印刷……大熊整美堂
製本……小泉製本

Published by CHUOKORON-SHINSHA, INC.
Printed in Japan　ISBN978-4-12-150664-1　C1237

中公新書ラクレ　好評既刊

L639
米中衝突
――危機の日米同盟と朝鮮半島
手嶋龍一＋佐藤　優 著

米朝首脳会談を通じて「恋に落ちた」と金正恩を讃えるトランプ。北朝鮮の背後にあって「海洋強国」を目指す習近平の中国。朝鮮半島は中華圏に引き寄せられ、日本は米中衝突の最前線で烈風に曝されつつある。「米朝開戦か！」と騒がれていた2017年秋、早くも「米朝はいずれ結ぶ」と言い当てたインテリジェンスの巨匠2人が、「新アチソンライン」という新たな視座とともに提示する驚愕のシナリオとは。日本の危機を直視せよ！

L640
「オウム」は再び現れる
島田裕巳 著

麻原彰晃らオウム真理教の幹部13人の死刑が執行された。未曽有の大事件から我々は何を学ぶべきなのか。自身の評論活動から、一時「オウムシンパ」との批判を受け、以来、オウム事件の解明に取り組んできた筆者が、いまこそ事件の教訓を問う。信念なき「普通の人」たちが凶悪犯罪を起こしたのはなぜか。それは、オウムが日本組織に特有な奇妙な構造を持っていたからだ。日本組織の特殊さを理解せずにオウム事件は終わらない。

L643
街間格差
――オリンピック後に輝く街、くすむ街
牧野知弘 著

「家を買うなら五輪後」とまことしやかに語られる東京23区。しかしこの瞬間、大きな変化はすでに起こっていた！　不動産事情に詳しい著者曰く、「働き方改革」に象徴されるライフスタイルの変化に伴い、住まい探しの絶対的価値基準「沿線ブランド」「都心まで○分」が崩壊。各街の〝拠点化〟が進んだ先に新たな格差が露呈し始めたという。湾岸タワマン、団地、観光地――。東京で暮らすなら、足元に迫る「街間格差」に今すぐ備えよ！

L645

戦国武将に学ぶ究極のマネジメント

二木謙一 著

つねに戦争と死と隣り合わせだった戦国時代、武将たちは危機にどう立ち向かったのか。信長・秀吉・家康はじめ戦国のトップリーダーたちの活躍や言葉の中に、現代人の苦悩や挫折を乗り越えるヒントを探る。さらに、歴史学者から女子校経営者に転身、進学校への躍進を果たした、著者みずからの知見と実践をふまえ、組織運営や人材登用など、いまに役立つ、名将たちの戦術・発想・知恵の数々を紹介する。

L646

安彦良和の戦争と平和
――ガンダム、マンガ、日本

杉田俊介 著

『機動戦士ガンダム』の生みの親の一人であり、マンガ家として歴史や神話を題材にした傑作を世に問うてきた安彦良和。『宮崎駿論』などで注目される気鋭の批評家が20時間にわたって聞き取った、「ガンダム」の神髄とマンガに込められたメッセージとは？　２０１９年は『機動戦士ガンダム』テレビ放送開始から40周年。戦争・歴史マンガの多彩で豊饒な作品世界、日本の歴史、あの戦争、いまの社会――。40年を超える、過去から未来への白熱討論！

L647

日本人が勘違いしているカタカナ英語120

キャサリン・A・クラフト 著
里中哲彦 編訳

カタカナ英語とホンモノの英語のあいだには、案外深い溝がある。以下、すべてつうじないと知ったら、驚きませんか。モーニングサービス、ガッツポーズ、ペットボトル、ケースバイケースだ、マンツーマンで、リアクション、ノルマ、ブランド品、ライフライン、ポリシー、イメージチェンジ……。本書は、だれでも知っているカタカナ英語を手掛かりに、自然な英語表現を学んでしまおうというもの。英日両語の達人二人が、楽しく伝授します。

L648

日中の失敗の本質
――新時代の中国との付き合い方

宮本雄二 著

米中が衝突のコースを歩み始めた中、不確定で不愉快な外交リスクが到来。トランプの登場は「アメリカの時代」の終わりの始まりなのか？　習近平が謳い上げた「中国の夢」「一帯一路」をどう読むか？　21世紀に入り、日中はともに相手国の把握に「失敗」してきた。私たちは危ういジレンマに直面する中国を認識した上で、失敗にピリオドをうち、そろそろ新時代の付き合い方を構想すべきである。「習近平の中国」を知悉する元大使による一級の分析。

L649

入門！自宅で大往生

――あなたもなれる「家逝き」達人・看取り名人

中村伸一 著

人の最期は、〝延命か否か〟の簡単な二元論ではない。食べられなくなったとき、息ができなくなりそうなとき、心臓が止まりそうなときはどうすればいいのか。同居家族がいない場合は。かかりつけ医との付き合い方は……。「家逝き」を望む本人と看取る側は何に備えればいいのか。「村」唯一の医師として在宅医療、介護、看取りを支援してきた経験から四つの「家逝き」の極意を伝授する。国が推進する在宅時代の現実的な「解」を提示する。

L650

観光亡国論

アレックス・カー＋清野由美 著

右肩上がりで増加する訪日外国人観光客。京都を初めとする観光地へキャパシティを超えた観光客が殺到したことで、交通や景観、住民環境などで多くのトラブルが生まれた状況を前に、東洋文化研究家のアレックス・カー氏は「かつての工業公害と同じ」と主張する。本書はその指摘を起点に世界の事例を盛り込み、ジャーナリスト・清野氏とともに建設的な施策を検討していく一冊。真の観光立国となるべく、目の前の観光公害を乗り越えよ！

L651

続・孤独のすすめ

――人生後半戦のための新たな哲学

五木寛之 著

人は本来孤独を恐れるべきものだろうか。あるいは、孤独はただ避けるほうがいいのか。私は孤独の中にも、何か見いだすべきものがあるのではないかと思うのです。（中略）孤独の持っている可能性というものをいま、私たちは冷静に見つめ直すときにさしかかっているようにも感じるのです（本文より）。――30万部のベストセラー『孤独のすすめ』、待望の続編！世に流布する「孤独論」を退ける、真の「孤独論」がここに完成した。

L653

教育激変

――2020年、大学入試と学習指導要領大改革のゆくえ

池上　彰＋佐藤　優 著

2020年度、教育現場には「新学習指導要領」が導入され、新たな「大学入学共通テスト」の実施が始まる。なぜいま教育は大改革を迫られるのか。文科省が目指す「主体的・対話的で深い学び」とはなにか。自ら教壇に立ち、教育問題を取材し続ける池上氏と、「主体的な学び」を体現する佐藤氏が、日本の教育の問題点と新たな教育改革の意味を解き明かす。巻末には大学入試センターの山本廣基理事長も登場。入試改革の真の狙いを語りつくした。